よくわかる**簿記**シリーズ

TRAINING

日商簿記1級

商業簿記・会計学

はしがき

本書は，日本商工会議所主催の簿記検定試験の出題区分に対応した受験対策用問題集です。「合格力をつけること」を本書の最大の目的として，ＴＡＣ簿記検定講座で培ってきた長年のノウハウをここに集約しました。

本書は，特に次のような特徴をもっています。

1．合格テキストに準拠

本書は，テキストで学習した論点のアウトプット用トレーニング教材として最適です。本書は『合格テキスト』の各テーマに準拠した問題集ですので，ぜひ『合格テキスト』と併せてご使用ください。

2．各問題に重要度を明示

各問題には，各論点の出題頻度などにもとづいて重要度を★マークで表示しましたので学習計画に応じて重要度の高い問題を選びながら学習を進めていくことができます。

★★★ … 必ず解いてほしい重要問題
★★☆ … 重要問題を解いた後に可能なかぎり解いてほしい問題
★☆☆ … 時間に余裕があれば解いてほしい問題

3．詳しい解説つき

単に解答だけでなく「解答への道」として詳しい解説を付し，解いた問題を確認するうえでネックとなる疑問点の確認ができるようにしてあります。また『合格テキスト』と併用することで，より理解が深まります。

4．解答用紙ダウンロードサービスつき

繰り返し演習し，知識の定着をはかるために，解答用紙のダウンロードサービスをご利用いただけます。TAC出版書籍販売サイト・サイバーブックストア（URL　https://bookstore.tac-school.co.jp/）にアクセスしてください。なお，理論問題には解答用紙はありません。

本書はこうした特徴をもっていますので，読者の皆さんが検定試験に合格できる実力を必ず身につけられるものと確信しています。

なお，昨今の会計基準および関係法令の改定・改正にともない，日商簿記検定の出題区分も随時変更されています。本書はＴＡＣ簿記検定講座と連動することで，それらにいちはやく対応し，つねに最新の情報を提供しています。

現在，日本の企業は国際競争の真っ只中にあり，いずれの企業も実力のある人材，とりわけ簿記会計の知識を身につけた有用な人材を求めています。読者の皆さんが本書を活用することで，簿記検定試験に合格し，将来の日本を担う人材として成長されることを心から願っています。

2023年10月

ＴＡＣ簿記検定講座

Ver. 18. 0 刊行について

本書は，『合格トレーニング日商簿記１級商会Ｉ』Ver. 17. 0につき，「収益認識に関する会計基準」を中心に最新の傾向に対応するための改訂を行ったものです。

問題編　CONTENTS

問題編

合格トレーニング

日商簿記1級 商業簿記・会計学 I

Theme

01 商業簿記・会計学総論

理解度チェック □□□

問題1-1 ★★★

次の資料により，下記の問いに答えなさい。なお，当期は×2年３月31日を決算日とする１年である。

（資料１）当期首（×1年４月１日）の期首試算表

期首試算表

×1年４月１日 （単位：円）

借方科目	金額	貸方科目	金額
現金	70,000	支払手形	20,000
当座預金	100,000	買掛金	10,000
受取手形	40,000	借入金	40,000
売掛金	30,000	未払法人税等	10,000
繰越商品	25,000	未払利息	300
前払販売費	400	前受利息	100
未収利息	200	貸倒引当金	1,400
貸付金	20,000	建物減価償却累計額	7,200
建物	60,000	備品減価償却累計額	5,000
備品	20,000	資本金	200,000
		利益準備金	20,000
		繰越利益剰余金	51,600
	365,600		365,600

（資料２）期中取引

⑴ 商品100,000円を売り上げ，代金のうち30,000円は現金で受け取り，残額は掛けとした。

⑵ 商品60,000円を仕入れ，代金のうち20,000円は現金で支払い，残額は掛けとした。

⑶ 商品200,000円を売り上げ，代金のうち150,000円は約束手形で受け取り，残額は掛けとした。

⑷ 商品180,000円を仕入れ，代金のうち100,000円は約束手形を振り出して支払い，残額は掛けとした。

⑸ 売掛金110,000円を現金で回収し，受取手形130,000円を当座預金で回収した。

⑹ 買掛金100,000円を現金で支払い，支払手形80,000円を小切手を振り出して支払った。

⑺ 期首売掛金のうち1,000円が貸し倒れた。

⑻ 販売費10,000円，一般管理費15,000円および支払利息2,000円を小切手を振り出して支払った。

⑼ 受取利息1,000円が当座預金に振り込まれた。

⑽ 未払法人税等10,000円を現金で支払った。

（資料３）決算整理事項

(1) 期末商品棚卸高30,000円（売上原価の計算は，仕入勘定で行う）

(2) 受取手形および売掛金の期末残高に対して，２％の貸倒引当金を差額補充法により設定する。

(3) 減価償却費を以下の方法で計上する。

建物：定額法，残存価額10％，耐用年数30年　　備品：定率法，償却率25％

(4) 以下の経過勘定項目を計上する。

前払販売費	200円	未払利息	100円
未収利息	100円	前受利息	200円

(5) 課税所得31,670円に対して30％の法人税等を計上する。

〔問１〕再振替仕訳を示しなさい。

〔問２〕決算整理前残高試算表を作成しなさい。

〔問３〕決算整理仕訳を示しなさい。

〔問４〕決算整理後残高試算表を作成しなさい。

〔問５〕決算振替仕訳を示しなさい。

〔問６〕損益勘定および繰越利益剰余金勘定を記入し，繰越試算表を作成しなさい。

〔問７〕損益計算書および貸借対照表を完成しなさい。

理解度チェック □□□

問題1-2 ★★★

次の資料により，損益計算書および貸借対照表を作成しなさい。なお，当期は×2年３月31日を決算日とする１年である。

（資料１）決算整理前残高試算表

決算整理前残高試算表

×2年３月31日　（単位：円）

借方科目	金額	貸方科目	金額
現金	63,000	支払手形	63,300
当座預金	93,000	買掛金	63,000
受取手形	98,000	短期借入金	40,000
売掛金	82,000	前受金	10,000
繰越商品	22,000	仮受消費税	38,000
前払金	15,000	貸倒引当金	2,000
短期貸付金	45,000	建物減価償却累計額	82,500
仮払法人税等	10,000	備品減価償却累計額	14,400
仮払消費税	30,000	資本金	200,000
建物	150,000	利益準備金	16,000
備品	40,000	繰越利益剰余金	39,000
仕入	270,000	売上	380,000
販売費	12,000	受取利息	1,800
一般管理費	18,000		
支払利息	2,000		
	950,000		950,000

（資料２）決算整理事項

⑴　期末商品棚卸高は25,000円である。

⑵　受取手形および売掛金の期末残高に対して，２％の貸倒引当金を差額補充法により設定する。

⑶　減価償却費を以下の方法で計上する。

　　建物：定額法，残存価額ゼロ，耐用年数20年

　　備品：定率法，償却率20％

⑷　短期貸付金のうち25,000円は，×1年10月１日に貸し付けたものであり，期間１年，利率年６％，利息は×2年９月30日に元金と合わせて支払われる。

⑸　受取利息1,800円は，短期貸付金のうち20,000円を×1年12月１日に貸し付けた際に１年分の利息を前受けしたものである。

⑹　販売費について経過期間分の未払額が2,000円ある。

⑺　仮払消費税と仮受消費税との差額を未払消費税として計上する。

⑻　課税所得66,130円に対して30％の法人税等を計上する。

理解度チェック □□□

問題1-3 ★☆☆

次の資料により，決算整理後残高試算表を完成しなさい。なお，当期は×2年３月31日を決算とする１年である。また，当社は月次決算を行っており，２月までは処理済みであるが，３月の月次決算は未処理である。

（資料１）決算整理前残高試算表

決算整理前残高試算表

×2年３月31日　　　　（単位：円）

借方科目	金額	貸方科目	金額
前払保険料	15,000	借入金	100,000
退職給付費用	110,000	未払利息	1,500
減価償却費	220,000	退職給付引当金	210,000
支払保険料	21,000	減価償却累計額	360,000
支払利息	1,500		

（資料２）決算整理事項等

1．退職給付費用110,000円は，期首における１年分の見積額120,000円を月次決算において２月末まで計上したものである。退職給付費用の実際発生額は121,000円であり，差額は当期の費用として計上する。

2．減価償却費220,000円は，期首における１年分の見積額240,000円を月次決算において２月末まで計上したものである。減価償却費の実際発生額は242,000円であり，差額は当期の費用として計上する。

3．前払保険料15,000円は当期の８月１日に１年分の保険料36,000円を支払ったときに計上されたものであり，月次決算において２月末までの経過期間分を支払保険料に振り替えている。

4．借入金100,000円は当期の12月１日に期間１年，利率年６％，利息は返済時に１年分を後払いする条件で借り入れたものである。未払利息1,500円はこの借入金に対する利息を月次決算において２月末までの経過期間分を計上したものである。

理解度チェック

問題1-4 ★★☆

次の資料により，貸借対照表（一部）を完成しなさい。なお，当期は×5年３月31日を決算日とする１年である。

（資料１）決算整理前残高試算表（一部）

決算整理前残高試算表

×5年３月31日　（単位：円）

現金預金	150,000	
貸付金	80,000	
一般管理費	200,000	

（資料２）決算整理事項

(1)　現金預金のうち50,000円は，×4年７月１日に期間２年の契約で預け入れた定期預金である。

(2)　貸付金のうち50,000円は，×4年２月１日に期間２年で貸し付けたものであり，30,000円は×4年10月１日に期間２年で貸し付けたものである。

(3)　一般管理費のうち36,000円は，×4年８月１日に２年分の火災保険を前払いしたものである。

理解度チェック

問題1-5 ★☆☆

設問の文章について，正しいと思うものには○印を，正しくないと思うものには×印を付し，×印としたものについてはその理由を２行以内で記述しなさい。

〔設　問〕

1．真実性の原則でいうところの「真実」とは，絶対的真実性を意味する。

2．会計処理の方法の選択は経営者の判断に任されていることから，経営者が異なる場合には，会計処理の結果算定された期間利益は異なることになる。しかし，真実性の原則からすると，それらの会計処理はすべて真実であると認められる。

3．「正確な会計帳簿」とは，網羅性・検証性・秩序性の３つの要件を満たす会計帳簿をいうが，重要性の原則の適用により網羅性については一部例外が認められている。

理解度チェック

問題1-6 ★☆☆

設問の文章について，正しいと思うものには○印を，正しくないと思うものには×印を付し，×印としたものについてはその理由を２行以内で記述しなさい。

〔設　問〕

1．企業会計は，正規の簿記の原則にもとづいて費用および収益を認識し測定して，記録，計算しなければならない。

2．資本と利益の区別の原則は，維持拘束性をその特質とする資本と，処分可能性をその特質とする利益とを，資本取引と損益取引との区別を通じて明確に区別し，結果として，企業の財政状態および経営成績の適正な開示を行うことを目的としている。

3．明瞭性の原則は，財務諸表による会計情報の適正開示と明瞭表示を要請している。すなわち，利害関係者の企業の状況に関する判断を誤らせないようにするために必要とされる原則であるため，いかなる場合にも簡便な表示は認められていない。

理解度チェック □□□

問題1-7 ★☆☆

設問の文章について，正しいと思うものには○印を，正しくないと思うものには×印を付し，×印としたものについてはその理由を２行以内で記述しなさい。

〔設　問〕

1．「企業会計原則」では，重要な会計方針について，代替的な会計基準が認められていない場合には注記の省略を認めている。

2．後発事象とは，貸借対照表日後に発生した事象をいい，当期の会計上の判断ないし見積りを修正する必要があるものについては，当期の損益計算書および貸借対照表に反映させ，当期純利益を修正しなければならない。

3．後発事象とは，貸借対照表日後に発生した事象で，次期以降の財政状態および経営成績に影響を及ぼすものをいうが，損益計算書および貸借対照表を作成する日までに発生した重要な後発事象については，当期の損益計算書および貸借対照表に反映させ，当期純利益を修正しなければならない。

理解度チェック □□□

問題1-8 ★☆☆

設問の文章について，正しいと思うものには○印を，正しくないと思うものには×印を付し，×印としたものについてはその理由を２行以内で記述しなさい。

〔設　問〕

1．企業会計上継続性が問題とされるのは，一つの会計事実について二つ以上の会計処理の原則または手続きの選択適用が認められている場合である。

2．企業がいったん採用した会計処理の原則および手続きは，毎期継続して適用することにより，経営者の恣意的な利益操作を排除し，財務諸表の期間比較性を確保することができるのであるから，いかなる場合にもこれを変更することはできない。

3．過度に保守的な会計処理（過度な保守主義）とは，発生主義会計の枠組みを超えた収益の過小計上，費用の過大計上を意味する。

理解度チェック □□□

問題1-9 ★☆☆

設問の文章について，正しいと思うものには○印を，正しくないと思うものには×印を付し，×印としたものについてはその理由を２行以内で記述しなさい。

〔設　問〕

1．信頼されうる会計記録にもとづいて作成された損益計算書について，その提出目的が異なる場合であっても，それぞれの計算内容，つまりその計算された利益が異なることは，真実性の原則により当然認められない。

2．企業会計原則の損益計算書の本質は，企業の経営成績を明らかにするため，一会計期間に属するすべての収益とこれに対応するすべての費用とを記載し，これに特別損益を加減して当期純利益を算出することにある。

3．損益計算書は正常な収益力，すなわち，毎期経常的に発生する収益と費用とを対応表示し経常利益を算出することを目的としている（当期業績主義）。よって，わが国の「企業会計原則」における損益計算書もこれを受け，当期業績主義の立場を採用している。

理解度チェック □□□

問題1-10 ★☆☆

設問の文章について，正しいと思うものには○印を，正しくないと思うものには×印を付し，×印としたものについてはその理由を２行以内で記述しなさい。

〔設　問〕

1．発生主義会計とは，費用収益対応の原則にもとづき，実現主義により計上された期間実現収益と，発生主義により計上された期間発生費用とを対応させることによって，期間損益を決定することをいう。

2．「すべての費用及び収益は，その支出及び収入に基づいて計上し，……」と規定しているが，この規定は費用および収益をその現金収支額にもとづいて測定することを要求しているのであり，ここでいう現金収支額にもとづいてとは，現在（当期）の現金収支額を意味している。

3．前受収益は，一定の契約にしたがい，継続して商品の納入を行う場合，いまだ納入していない商品に対し支払いを受けた対価をいう。したがって，このような商品に対する対価は，商品を納入することによって次期以降の収益となるものであるから，これを当期の損益計算から除去するとともに，貸借対照表の負債の部に計上しなければならない。

4．未払費用は，一定の契約にしたがい，継続して商品の購入を行う場合，すでに購入した商品に対しいまだその支払いが終わらないものをいう。したがって，このような商品に対する対価は，時間の経過にともないすでに費用として発生しているものであるから，これを当期の損益計算に計上するとともに，貸借対照表の負債の部に計上しなければならない。

理解度チェック □□□

問題1-11 ★☆☆

設問の文章について，正しいと思うものには○印を，正しくないと思うものには×印を付し，×印としたものについてはその理由を２行以内で記述しなさい。

〔設　問〕

1．費用および収益を発生源泉にしたがって分類し，対応表示させるのは，損益計算書の明瞭性を確保するためである。

2．貸借対照表は，企業の財政状態を明らかにし，株主，債権者その他の利害関係者にこれを正しく表示するものでなければならないため，貸借対照表日におけるすべての資産，負債及び純資産（資本）を記載するものとする。したがって，簿外資産・簿外負債および架空資産・架空負債については，いかなる場合にも認められない。

3．貸借対照表の表示について，架空資産と架空負債は絶対に認められないが，所有資産または負う負債に関してこれを表示しないことは認められることがある。

理解度チェック □□□

問題1-12 ★☆☆

設問の文章について，正しいと思うものには○印を，正しくないと思うものには×印を付し，×印としたものについてはその理由を２行以内で記述しなさい。

〔設　問〕

1．消耗品に関連する費用の認識については，発生主義の原則より重要性の原則が優先される場合がある。

2．企業の主目的たる営業取引により発生した受取手形，売掛金，前払金，支払手形，買掛金，前受金等は，破産債権・更生債権等を除いて，商品の受入れまたは引渡しの時期に関係なく，すべて流動資産または流動負債となる。

3．受取手形，売掛金など企業の主な目的である営業取引によって発生した債権の一部が更生債権となった。これらの更生債権は，すべて流動資産の区分から除外しなければならない。

理解度チェック □□□

問題1-13 ★☆☆

設問の文章について，正しいと思うものには○印を，正しくないと思うものには×印を付し，×印としたものについてはその理由を２行以内で記述しなさい。

〔設　問〕

1．分割返済の定めのある長期の債権のうち，期限が１年以内に到来するもので重要性の乏しいものは固定資産として表示できるが，分割返済の定めのある長期の債務のうち，期限が１年以内に到来するものは重要性の乏しいものであっても，固定負債として表示することは許されない。

2．製造業において，原材料，製品等の棚卸資産と機械等設備は，つねに流動資産と固定資産とに区別されるが，預金，売掛金，受取手形，貸付金等の債権は，一年基準（ワン・イヤー・ルール）によって流動資産と固定資産（投資その他の資産）に区分されねばならない。

3．企業が転売を目的として土地などの不動産を取得した場合にも，当該不動産は有形固定資産に含められる。

理解度チェック □□□

問題1-14 ★☆☆

以下の文章の空欄を埋めなさい。

1．資産とは，過去の取引または事象の結果として，報告主体が支配している［　1　］をいう。

2．負債とは，過去の取引または事象の結果として，報告主体が支配している［　1　］を放棄もしくは引き渡す［　2　］，またはその同等物をいう。

3．純資産とは，資産と負債の［　3　］をいう。

4．収益とは，純利益を［　4　］させる項目であり，特定期間の期末までに生じた資産の増加や負債の減少に見合う額のうち，［　5　］から解放された部分である。

5．費用とは，純利益を［　6　］させる項目であり，特定期間の期末までに生じた資産の減少や負債の増加に見合う額のうち，［　5　］から解放された部分である。

理解度チェック

問題1-15 ★☆☆

設問の文章について，正しいと思うものには○印を，正しくないと思うものには×印を付し，×印としたものについてはその理由を２行以内で記述しなさい。

〔設　問〕

1．会計方針の変更を行った場合には，特定の経過的な取扱いが定められている場合を除き，原則として，新たな会計方針を過去の期間のすべてに遡及適用する。

2．会計上の見積りの変更を行った場合には，当該変更期間に会計処理を行わなければならない。

3．有形固定資産等の減価償却方法および無形固定資産の償却方法は，会計方針に該当するため，その変更は，会計方針の変更として遡及適用しなければならない。

理解度チェック

問題1-16 ★★☆

次の資料により，下記の問に答えなさい。ただし，税金の計算と税効果会計は考慮外とする。

（資　料）

1．当社は，前期分とあわせて２期分の財務諸表を作成して開示している。

2．前期（×3年度）の遡及適用前の損益計算書と株主資本等変動計算書は，次のとおりである。

損　益　計　算　書（一部）　　（単位：千円）

	×2年度	×3年度
売　上　高	130,000	142,000
売　上　原　価		
期首商品棚卸高	20,000	30,500
当期商品仕入高	89,000	80,200
合　計	109,000	110,700
期末商品棚卸高	30,500	28,700
差　引	78,500	82,000
売上総利益	51,500	60,000

株主資本等変動計算書（一部）　（単位：千円）

繰越利益剰余金	×2年度	×3年度
当期首残高	49,000	57,000
剰余金の配当	△ 4,000	△ 4,000
当期純利益	12,000	13,600
当期末残高	57,000	66,600

3．当社は，当期（×4年度）から棚卸資産の評価方法を総平均法（年度ごと）から先入先出法へと変更したが，未処理である。なお，先入先出法を適用した場合の商品に関する各金額は次のとおりである。

	期首商品棚卸高	当期商品仕入高	売　上　原　価	期末商品棚卸高
×2年度	21,200 千円	89,000 千円	78,900 千円	31,300 千円
×3年度	31,300 千円	80,200 千円	80,800 千円	30,700 千円
×4年度	30,700 千円	91,000 千円	100,000 千円	21,700 千円

〔問１〕解答用紙の×4年度における損益計算書（一部）を完成しなさい。

〔問２〕解答用紙で示された×3年度の株主資本等変動計算書における各金額を求めなさい（マイナスの場合は金額の前に△を付すこと）。

理解度チェック □□□

問題1-17 ★★☆

次の資料により，×5年３月期決算における解答用紙の各金額を求めなさい。金額に変更がない場合には，０と記入のこと。影響額については，増加または減少のいずれかを○で囲みなさい。当社の決算日は毎年３月31日（会計期間は１年）であり，税効果は考慮しない。

（資　料）

×5年３月期決算において，通常の販売目的で保有する商品の評価方法を，総平均法から先入先出法に変更した。この変更は会計方針の変更に該当するため遡及適用する。

	個　数	単　価
期首商品棚卸高		
総 平 均 法	20個	415千円
先入先出法		450千円
当期商品仕入高（日付順）		
第１回仕入	50個	450千円
第２回仕入	40個	440千円
第３回仕入	60個	460千円
第４回仕入	80個	470千円
第５回仕入	70個	480千円
当期商品売上数量	290個	

Theme

02 商品売買の会計処理と原価率・利益率

理解度チェック

問題2-1 ★★★

次の資料にもとづいて，⑴決算整理後残高試算表（一部）および⑵損益計算書（一部）および貸借対照表（一部）を完成しなさい。なお，商品売買については総記法で記帳している。

（資料１）決算整理前残高試算表（一部）

決算整理前残高試算表　　（単位：円）

		商　　品	17,000

（資料２）決算整理事項

1．期首商品棚卸高は4,000円（原価）である。

2．期末商品棚卸高は6,000円（原価）である。

3．売価は毎期原価の50％増しである。

理解度チェック

問題2-2 ★★★

次の資料により，損益計算書（営業利益まで）を完成しなさい。なお，商品売買については，三分法で記帳している。

（資料１）期首試算表（一部）

期首試算表

×2年４月１日　　（単位：円）

受取手形	53,000	支払手形	72,000
売掛金	47,000	買掛金	68,000
繰越商品	70,000	未払費用	18,000
前払費用	10,000	貸倒引当金	3,000

（注）前払費用および未払費用は，すべて販売費に対するものである。

（資料２）期中取引

1．現金預金の増減に関する事項

⑴ 現金預金の増加

① 受取手形取立高　250,000円

② 売掛金回収高　188,000円

⑵ 現金預金の減少

① 支払手形決済高　205,000円

② 買掛金支払高　127,000円

③ 販売費の支払高　93,000円

2．手形の受入れによる売上高は150,000円，約束手形の振出しによる仕入高は148,000円である。

3．売掛金の手形の受入れによる回収高は98,000円であり，売掛金の期末残高は49,000円である。

4．前期に発生した売掛金のうち2,000円が貸し倒れている。

5．買掛金の約束手形の振出しによる支払高は63,000円，仕入割戻による相殺額は3,000円であり，買掛金の期末残高は55,000円である。

（資料３）決算整理

1．期末商品棚卸高は80, 000円である。
2．受取手形と売掛金の合計に対して２％の貸倒引当金を設定する。
3．販売費に対する前払費用8, 000円および未払費用22, 000円を計上する。

理解度チェック □□□

問題2-3 ★★★

次の資料により，損益計算書（営業利益まで）を完成しなさい。

（資料１）決算整理前残高試算表（一部）

決算整理前残高試算表　（単位：円）

繰越商品	6, 000	売上	125, 000
仕入	72, 000		
販売費・管理費	28, 000		
見本品費	9, 000		

（資料２）決算整理事項等

1．見本品として原価1, 000円の商品を使用したが，この記帳が未処理であった。
2．期末商品帳簿棚卸高は8, 000円（見本品原価を含む）であった。

理解度チェック □□□

問題2-4 ★★☆

次の資料により，損益計算書（売上総利益まで）を完成しなさい。

（資料１）

決算整理前残高試算表　（単位：円）

繰越商品	80, 000	売上	269, 600
仕入	222, 200		

（資料２）

1．期末商品帳簿棚卸高　［各自推定］円
2．当期の売上原価率は75％である。

理解度チェック □□□

問題2-5 ★★☆

次の資料により，損益計算書（売上総利益まで）を完成しなさい。

（資料１）

決算整理前残高試算表　（単位：円）

繰越商品	50,000	売上	416,000
仕入	350,000		

（資料２）

1．期末商品帳簿棚卸高　各自推定　円

2．売価は原価の30％増しに設定している。

理解度チェック □□□

問題2-6 ★☆☆

当社は，パソコンのオペレーターを中心とした人材派遣業を営んでおり，顧客からの受注にもとづいて，一定の作業が完了したときに役務収益を計上している。また，役務原価は役務収益計上時に仕掛品から役務原価に振り替えている。よって，以下の取引について仕訳を示しなさい。

1．顧客から伝票入力の作業を20,000円で受注し，オペレーターを派遣した。また，受注額のうち12,000円を現金で受け取った。

2．オペレーターに報酬として16,000円を現金で支払った。

3．上記１の作業が完了し，残額を現金で受け取った。なお，この作業のための役務費用は14,000円であった。

Theme 03 棚卸資産

理解度チェック

問題3-1 ★★★

次の資料により，損益計算書（営業利益まで）を完成しなさい。

（資料１）

決算整理前残高試算表 （単位：円）

繰越商品	500,000	売上	2,340,000
仕入	1,800,000		

（資料２）

1．商品の期末棚卸高は次のとおりである。

(1) 帳簿棚卸高　1,000個　単価400円（原価）

(2) 実地棚卸高

① 良品　950個　単価380円（正味売却価額）

② 品質低下品　30個　単価250円（正味売却価額）

なお，棚卸減耗損は販売費及び一般管理費に表示し，商品評価損は売上原価の内訳科目に表示すること。

理解度チェック

問題3-2 ★★

次の資料により，損益計算書（営業利益まで）を完成しなさい。

（資料１）

決算整理前残高試算表 （単位：円）

繰越商品	127,500	売上	1,177,000
仕入	890,250		

（資料２）

1．商品の期末棚卸高は次のとおりである。

(1) 帳簿棚卸高　1,350個　単価 各自推定 円

(2) 実地棚卸高

① 良品　1,310個　単価99円（正味売却価額）

② 品質低下品　30個　単価50円（正味売却価額）

なお，商品評価損は売上原価の内訳科目として表示し，棚卸減耗損は販売費及び一般管理費に表示する。

2．当期の売上原価率は75％である。

理解度チェック □□□

問題3-3 ★★★

次の資料にもとづき，先入先出法による場合の⑴損益計算書（売上総利益まで）を完成し，⑵商品の貸借対照表価額を求めなさい。ただし，棚卸減耗損および商品評価損は，売上原価の内訳科目とする。

（資料１）

決算整理前残高試算表　（単位：円）

借方科目	金額	貸方科目	金額
繰越商品	40,000	売上	402,500
仕入	264,000		

（資料２）決算整理事項

1．当期の販売単価は350円で，期中一定であった。

2．期首商品棚卸高と当期商品仕入高に関する資料は，次のとおりである。

	数量	仕入単価
期首商品棚卸高	200個	200円
当期商品仕入高	1,200個	220円

3．期末商品の実地棚卸高は，240個（正味売却価額は@190円）であった。

理解度チェック □□□

問題3-4 ★★☆

次の資料にもとづいて，損益計算書（売上総利益まで）を作成しなさい。

（資料１）決算整理前残高試算表（一部）

決算整理前残高試算表　（単位：円）

借方科目	金額	貸方科目	金額
受取手形	22,600	支払手形	20,000
売掛金	27,400	買掛金	18,000
繰越商品	各自推定	売上	各自推定
仕入	各自推定		

（資料２）決算整理事項

1．期首商品棚卸高　単価180円　60個

2．当期商品仕入高　単価200円　840個

3．期末商品棚卸高　単価 各自推定 円（正味売却価額170円）

帳簿棚卸数量 各自推定 個(実地棚卸数量95個)

商品の払出単価の計算は先入先出法を採用している。

また，当期の販売単価は300円で，期中一定であった。

4．売掛金の期首残高は24,000円，受取手形の期首残高は22,000円であった。当期の売上はすべて掛けまたは手形取引であり，売掛金および受取手形の現金預金回収高は236,000円であった。

理解度チェック □□□

問題3-5 ★★★

次の資料により，損益計算書（売上総利益まで）および貸借対照表（一部）を完成しなさい。
（資　料）

期首商品原価	900,000円	当期仕入原価	3,900,000円
当期売上高	7,000,000円	期末商品帳簿売価	1,000,000円
期末商品実地売価	900,000円	期末商品正味売却価額	500,000円

当社は売価還元法を採用しており，棚卸減耗損および商品評価損は売上原価の内訳科目として表示すること。

理解度チェック □□□

問題3-6 ★★★

次の資料により，売価還元法による損益計算書（売上総利益まで）および貸借対照表（一部）を完成しなさい。
（資　料）

	原　価	売　価
期首商品棚卸高	950,400円	1,320,000円
当期仕入高	3,024,000	
原始値入額		1,296,000
期中値上額		140,000
同取消額		20,000
期中値下額		300,000
同取消額		60,000
当期売上高		4,080,000
期末商品実地棚卸高		1,200,000
期末商品正味売却価額		850,000

理解度チェック □□□

問題3-7　★★★

当社は，期末商品の評価に売価還元低価法を採用している。よって，次の資料により，⑴商品評価損を計上する方法と⑵商品評価損を計上しない方法とのそれぞれについて，⒜損益計算書（売上総利益まで）を完成するとともに，⒝商品の貸借対照表価額を求めなさい。

（資　料）

	原　価	売　価
期首商品棚卸高	393,750円	463,750円
当期商品仕入高	3,806,250	
原始値入額		1,057,000
期中値上額		295,500
同取消額		22,500
期中値下額		410,500
同取消額		60,500
当期売上高		4,768,000
期末商品実地売価		462,000

なお，棚卸減耗損および商品評価損（計上する場合）は，売上原価の内訳科目とすること。

理解度チェック □□□

問題3-8　★★☆

当社は，期末商品の評価に売価還元法（正味値下額を除外して原価率を算定する方法）を採用している。よって，次の資料により，⑴商品評価損を計上する方法と⑵期末商品棚卸高を期末商品実地棚卸高（売価）に正味値下額を除外して算定した原価率を乗じて求める方法とのそれぞれについて，⒜損益計算書（売上総利益まで）を完成するとともに，⒝商品の貸借対照表価額を求めなさい。

（資料１）

決算整理前残高試算表　（単位：円）

繰越商品	508,000	売　　上	2,405,500
仕　　入	1,816,400		

（資料２）

1．商品の各種売価に関する資料（単位：円）

期首商品売価	584,200
原始値入額	520,000
期中値上額	79,200
期中値上取消額	19,800
期中値下額	90,000
期中値下取消額	15,500
期末商品実地売価	485,000

2．棚卸減耗損および商品評価損は売上原価の内訳科目として表示すること。

理解度チェック □□□

問題3-9 ★★☆

当社は，期末商品の評価について，売価還元法（正味値下額を除外して原価率を算定する方法）を採用している。次の資料により，(1)商品評価損を計上する方法と(2)商品評価損を計上しない方法とのそれぞれについて損益計算書（営業利益まで）を完成しなさい。

（資料１）

決算整理前残高試算表　（単位：円）

繰越商品	38,000	売上	178,000
仕入	130,000		

（資料２）

1．期首商品売価は43,200円，期中値入率は純仕入原価の12％である。
2．期中値上額は21,200円，期中値下額は10,000円である。
3．見本品として商品1,000円（売価）を消費したが，この記帳が未処理である。
4．期末商品実地売価は20,500円であり，棚卸減耗損は販売費及び一般管理費に表示すること。

理解度チェック □□□

問題3-10 ★☆☆

次の資料により，損益計算書（売上総利益まで）および貸借対照表（一部）を完成しなさい。

（資料１）

決算整理前残高試算表　（単位：円）

繰越商品	60,000	売上	412,500
仕入	276,000		

（資料２）

1．期末商品の評価は，売価還元法（正味値下額を除外して原価率を算定する方法）を適用している。
2．期首商品棚卸高（売価）87,000円，期中の原始値入額132,300円，正味値上額37,800円，正味値下額45,000円，期末商品実地棚卸高（売価）65,000円である。
3．期中に掛けによる仕入戻し18,000円（売価は26,100円）があり，これについては処理済みである。

理解度チェック □□□

問題3-11 ★☆☆

次の資料により，期末商品の評価額と評価損を求めなさい。なお，(1)個別基準（種類別），(2)個別基準（グループ別）および(3)一括基準の３つの場合について求めること。

（資　料）

グループ	商品名	数量	原価	時価
甲	A商品	150個	@600円	@560円
甲	B商品	200個	@800円	@820円
乙	C商品	280個	@500円	@440円
乙	D商品	400個	@390円	@450円
合計		1,030個	——	——

理解度チェック □□□

問題3-12 ★☆☆

次の資料により，低価法の適用に関する期末決算修正仕訳（ただし，帳簿決算に必要な仕訳は必要ない）および損益計算書（売上総利益まで）を，⑴切放法，⑵洗替法のそれぞれについて示しなさい。なお，商品評価損は売上原価に算入し，洗替法の場合には戻入額と相殺後の純額で記載すること。

（資　料）

前期末商品有高	原価	@2,000円	前期末時価	@1,900円	100個
当期商品仕入高	原価	@2,100円			200個
当期商品売上高	売価	@3,500円			190個
当期末商品有高					
（前期よりの繰越高）	原価	@2,000円	当期末時価	@1,950円	20個
（当　期　仕　入　分）	原価	@2,100円	当期末時価	@1,950円	90個

理解度チェック □□□

問題3-13 ★★☆

設問の文章について，正しいと思うものには○印を，正しくないと思うものには×印を付し，×印としたものについてはその理由を２行以内で記述しなさい。

〔設　問〕

1．棚卸資産の取得原価に，取得費用，関税は含めてよいが，買入事務費，移管費，保管費等を含めることは誤りである。

2．原価主義の場合でも，製品等の製造原価については，適正な原価計算基準にしたがって，予定価格または標準原価を適用して算定した原価によることができる。

3．棚卸資産の売上原価等の払出原価と期末棚卸資産の価額を算定する方法は，個別法，先入先出法，平均原価法，売価還元法がある。

4．地価の下落傾向が続いているため，不動産会社が所有している分譲用の土地についてもその取得価額が正味売却価額よりもやや高くなっている。この場合，この土地を決算上，正味売却価額で評価することは認められる。

5．通常の販売目的で保有する商品で，期末における正味売却価額が取得原価よりも下落している場合に生じる商品評価損は，売上原価とする。

6．トレーディング目的で保有する棚卸資産については，時価をもって貸借対照表価額とし，帳簿価額との差額は，当期の損益として処理する。また，この損益は，原則として，純額で売上高に表示する。

Theme 04 収益の認識基準

理解度チェック

問題4-1 ★★★

下記の取引に関して，当期および翌期における収益の金額を答えなさい。

⑴ 当期首に当社はA社（顧客）と商品Xの販売と３年間の保守サービスを提供する契約を締結した（契約書記載の対価の額は15,000円）。なお，代金は現金で受け取った。

⑵ 当社はただちにA社に対し商品Xを引き渡し，当期首から翌々期末まで保守サービスを行う。

⑶ 当社における商品Xの独立販売価格は14,000円であり，３年間の保守サービスの独立販売価格は6,000円であった。

理解度チェック

問題4-2 ★★★

下記の取引について，商品販売時の仕訳を示しなさい。

⑴ 当社（３月決算会社）は，商品Xを１個あたり300千円で販売する契約を×1年４月１日にA社（顧客）と締結した。この契約における対価には変動性があり，A社が×2年３月31日までに商品Xを100個より多く購入する場合には，１個あたりの価格を遡及的に270千円に減額することを定めている。

⑵ ×1年４月30日に，当社は商品X25個をA社に掛け販売した。なお，当社は，×2年３月31日までのA社の購入数量は100個を超えるであろうと見積り，１個あたりの価格を270千円に遡及的に減額することが必要になると判断した。

理解度チェック

問題4-3 ★★★

次の資料により，決算整理後残高試算表を完成しなさい。

（資料１）決算整理前残高試算表（一部）

決算整理前残高試算表　（単位：千円）

商　　品	10,000	商品売上高	125,000
商品売上原価	90,000		

（資料２）決算整理事項等

1．当社は，当期より販売を開始した商品Xについて，未使用品を販売後１か月の間に返品する場合，全額返金に応じることにしている。

2．当社は，商品Xの販売について，販売時に商品売上高と商品売上原価を計上し，返品時に商品売上高と商品売上原価を取り消す処理を行っており，期末において翌期に返品が見込まれる額を見積り，修正している。

3．当期末において，販売後１か月を経過していない商品のうち10,000千円（原価7,000千円）が返品されると見積もった。

理解度チェック □□□

問題4-4 ★★☆

次の資料により，決算整理後残高試算表を完成しなさい。

（資料１）決算整理前残高試算表（一部）

決算整理前残高試算表　（単位：千円）

借方科目	金額	貸方科目	金額
繰越商品	8,000	売上	100,000
仕入	72,000		

（資料２）決算整理事項等

1．当社（決算は年１回，３月31日）は，商品について返品権付き販売を行っており，返品権が販売後１か月内に行使されるのであれば代金の全額を返金している。３月中の販売金額15,000千円が試算表において計上されている。このうち，10%が翌年度の4月中に返品されることが見込まれるので，売上を減額するとともに返金負債に計上する。

2．当社は，商品販売の処理方法として三分法を採用しており，期末商品棚卸高は16,000千円であった。返品資産の原価は，当期の原価率を見積ることによって算定する。

理解度チェック □□□

問題4-5 ★★☆

次の資料により，決算整理後残高試算表を完成しなさい。

（資料１）決算整理前残高試算表（一部）

決算整理前残高試算表　（単位：千円）

借方科目	金額	貸方科目	金額
現金預金	85,000	返金負債	7,360
商品	48,340	売上	1,184,500
返品資産	4,416		
売上原価	710,700		

（資料２）決算整理事項等

1．当社（決算は年１回，３月31日）は，当期から商品について販売後１か月の間は売価で返品を受け付けるという返品権を付して得意先に販売している。変動対価については販売時に対価を見積って計上している。

2．２月末に得意先に商品100,000千円を返品権を付して現金で販売した。当社が得意先から受け取る対価は変動対価であり，96,000千円は返品されないものと見積って処理していた。本日，返品期限につき，得意先から売価で3,640千円相当の商品が返品されてきたため，当座預金から代金を返済した。この返品分は試算表に反映されていない。なお，３月中に販売し，当期末時点で返品期限の到来していない分は売価で84,000千円で，このうち80,640千円は返品されないものと見積っている。３月販売分については未だ返品されてきていない。

3．売上高総利益率は40%であり，毎期一定である。

理解度チェック □□□

問題4-6 ★☆☆

次の資料により，決算整理後残高試算表を完成しなさい。

（資料１）決算整理前残高試算表（一部）

決算整理前残高試算表　（単位：千円）

借方科目	金額	貸方科目	金額
現金預金	42,500	返金負債	3,680
商品	24,170	売上	各自推定
返品資産	2,208		
売上原価	357,600		

（資料２）決算整理事項等

1．当社（決算は年１回，３月31日）は，商品について販売後１か月の間は売価で返品を受け付けるという返品権を付して得意先に販売している。変動対価については販売時に対価を見積って計上している。

2．２月末に得意先に商品50,000千円を返品権を付して現金で販売した。当社が得意先から受け取る対価は変動対価であり，48,000千円は返品されないものと見積って処理していた。本日，返品期限につき，得意先から売価で1,820千円相当の商品が返品されてきたため，当座預金から代金を返済した。この返品分は試算表に反映されていない。なお，３月中に販売し，当期末時点で返品期限の到来していない分は売価で42,000千円で，このうち40,320千円は返品されないものと見積っている。３月販売分については未だ返品されてきていない。

3．前期に販売した商品のうち前期末時点で返品期限の到来していなかった商品の売価は60,000千円（原価39,000千円）で，このうち57,000千円については返品されないものと見積って処理していた。当期に得意先から売価で2,400千円相当の商品が返品されてきたため，当座預金から代金を返済するとともに，当期に仕入れた商品とともに同じ利益率で販売している。当期の売上高総利益率は40%である。なお，売上高総利益率は同一期間内では一定であるが，毎期異なっている。

理解度チェック □□□

問題4-7 ★★☆

下記の資料により，⑴最頻値による方法と⑵期待値による方法により，返品されると見込む金額を求めなさい。

返品による支払額	発生する確率
2,400千円	25%
3,000千円	60%
3,400千円	15%

理解度チェック ☐☐☐

問題4-8 ★★★

次の資料により，決算整理後残高試算表を完成しなさい。

（資料１）決算整理前残高試算表

決算整理前残高試算表

×2年３月31日　（単位：円）

借方科目	金額	貸方科目	金額
商品	20,000	売上高	250,000
売上原価	160,000	受取手数料	80,000

（資料２）決算整理事項等

1．売上高のうち50,000円（対応する売上原価は45,000円）は，代理店販売（受託販売）による取引高と判明したので，売上高と売上原価の差額を受取手数料に振り替える。

2．商品の期末棚卸高のうち原価2,000円の商品の正味売却価額が1,800円に下落している。なお，商品評価損は売上原価に含める。

理解度チェック ☐☐☐

問題4-9 ★★☆

次の資料により，決算整理後残高試算表を完成しなさい。

（資料１）決算整理前残高試算表（一部）

決算整理前残高試算表　（単位：円）

借方科目	金額	貸方科目	金額
商品	8,000	契約負債	5,000
売上原価	28,000	売上	40,000

（資料２）決算整理事項等

1．契約負債5,000円は，当期に商品券を販売した際に計上したものである。

2．当期中に，商品券により2,000円（原価は1,400円）の販売を行ったが未処理である。

3．将来企業が権利を得ると見込まれる非行使部分1,000円について，顧客による権利行使のパターンと比例的に収益を認識する。

理解度チェック □□□

問題4-10　★★☆

次の資料により，決算整理後残高試算表を完成しなさい。なお，計算上，端数が生じた場合には，円未満を四捨五入する。

（資料１）決算整理前残高試算表（一部）

決算整理前残高試算表　（単位：円）

商　　　品	13,000	売　　　上	110,000
売 上 原 価	77,000		

（資料２）決算整理事項等

1．当社は，当期から商品を100円分購入するごとに10ポイントを顧客に付与するカスタマー・ロイヤルティ・プログラムの提供を開始した。顧客は，ポイントを使用して，当社の商品を将来購入する際に１ポイントあたり１円の値引きを受けることができる。

2．当期に，商品110,000円を現金で販売し，11,000ポイントを付与したが，販売額を売上に計上している。

3．販売時に将来10,000ポイントが使用されると見込んでおり，1,000ポイントは未使用であると見込んでいる。なお，期末においても使用が見込まれるポイントの総数に変更はなかった。

4．商品の独立販売価格は110,000円であり，ポイントの独立販売価格は，顧客により使用される可能性を考慮して10,000円と見積った。

5．当期末までに，ポイント使用による売上が4,000円（原価2,800円）あったが未処理である。

理解度チェック □□□

問題4-11　★★☆

次の資料にもとづいて，当期（３月決算）の決算整理後残高試算表を作成しなさい。

（資料１）決算整理前残高試算表（一部）

決算整理前残高試算表　（単位：円）

商　　　品	40,000	契 約 負 債	10,000
商品売上原価	310,000	商 品 売 上 高	450,000

（資料２）決算整理事項等

1．商品売上高のうち，3月中に計上したものは，50,000円であった。このうち10％に相当する金額は，カスタマー・ロイヤルティ・プログラムの一環として新たに付与したポイントに配分すべき額である。３月中に付与したポイントのうち50％は，決算日現在において未使用であった。ポイント失効はないものとする。

理解度チェック

問題4-12 ★☆☆

次の資料により，×1年度末および×2年度末における契約負債の残高を求めなさい。

1．当社は，当社の商品を顧客が100円分購入するごとに26ポイントを顧客に付与するカスタマー・ロイヤルティ・プログラムを提供している。顧客は，ポイントを使用して，当社の商品を将来購入する際に1ポイントあたり1円の値引きを受けることができる。

2．×1年度中に，顧客に商品6,000円を現金で販売し，1,560ポイントを付与した。当社は，販売時に将来1,500ポイントが使用されると見込んでおり，60ポイントは未使用であると見込んでいる。

3．商品の独立販売価格は6,000円であり，ポイントの独立販売価格は，顧客により使用される可能性を考慮して1,500円と見積った。

4．×2年度末において使用されるポイント総数の見積りを1,350ポイントに変更した。

5．各年度に使用されたポイント，決算日までに使用されたポイント累計および使用されると見込むポイント総数は次のとおりである。

	×1年度	×2年度	×3年度
各年度に使用されたポイント	300P	645P	405P
決算日までに使用されたポイント累計	300P	945P	1,350P
使用されると見込むポイントの総数	1,500P	1,350P	1,350P

Theme 05 工事契約

理解度チェック

問題5-1 ★★★

次の資料により，甲建設会社（会計期間は１年，決算日は３月31日）の×1年度，×2年度および×3年度の工事収益，工事原価および工事利益の金額を各問いごとに計算しなさい。

（資　料）

⑴　工事収益総額は7,500万円。この工事は，×1年５月１日に着工し，×3年９月30日に完成の契約。

⑵　×1年度と×2年度の各決算日の翌日から完成までに要する工事原価の見積額は，×1年度末が2,000万円，×2年度末が1,100万円。

⑶　発生工事原価は，×1年度が3,000万円，×2年度が1,400万円，×3年度が1,200万円。

問１　履行義務の充足に係る進捗度を合理的に見積ることができる場合（工事進捗度は原価比例法により算定）

問２　×1年度および×2年度の各決算日において，履行義務の充足に係る進捗度を合理的に見積ることができない場合（原価回収基準）

理解度チェック

問題5-2 ★★★

工事収益総額80,000円の工事契約を第２期に着工し，第４期で完成・引渡しが行われた。各期末までに発生した工事原価累計額，および各期末に見積りした工事完成までの残り見積工事原価は，次のとおりであった。この工事については，工事の進捗度を合理的に見積ることができるため，原価比例法により収益を認識した場合の，第３期および第４期において計上される売上高および売上総利益を計算しなさい。

	第　２　期	第　３　期	第　４　期
発生工事原価累計額	12,000円	35,850円	63,000円
残り見積工事原価	48,000円	26,650円	——

理解度チェック □□□

問題5-3 ★★☆

当社は，異なる顧客から以下のような工事を請け負った。よって，(1)各年度の工事利益ならびに(2)×1年度の貸借対照表に記載される工事未収入金および契約負債を求めなさい。

（資　料）

1．両工事とも×1年度に着工し，×3年度に完成・引渡しが完了している。

2．両工事とも工事の進捗度を合理的に見積ることができるため，原価比例法により収益を認識する。

3．各工事の請負金額，契約時における入金額および工事原価に関する金額は，以下のとおりである。
なお，工事収益に対する未収入額は，工事未収入金として計上する。

（単位：千円）

		A　工　事	B　工　事
請　負　金　額		400,000	500,000
契約時における入金額		140,000	150,000
各年度の実際発生工事原価	×1年度	120,000	85,000
	×2年度	80,000	140,000
	×3年度	125,000	235,000
各年度末における見積総工事原価	×1年度	300,000	425,000
	×2年度	320,000	450,000

理解度チェック □□□

問題5-4 ★★☆

次の資料により，各年度における工事収益，工事原価，工事損益および工事損失引当金の額を求めなさい。

（資　料）

1．工事収益総額は100,000円。工事契約は，第１期に着工し，第３期に完成・引渡しが行われた。

2．工事の進捗度を合理的に見積ることができるため，原価比例法により収益を認識する。

3．第１期から第３期までにおける，当該工事に係る各項目の金額は，以下のとおりである。ただし，工事損失引当金の額は以下の資料に含まれていない。

	第１期	第２期	第３期
発　生　工　事　原　価	21,150円	66,525円	17,825円
完成までに要する見積工事原価	68,850円	17,325円	――円

理解度チェック

問題5-5 ★★★

当社（決算は年１回，３月31日）は，×1年度にＡ工事について契約を締結し，×2年度にＢ工事についての契約を締結した。Ａ工事およびＢ工事ともに×4年度中の完成を予定している。次の【Ａ工事に関する資料】および【Ｂ工事に関する資料】にもとづいて，×2年度および×3年度の損益計算書（工事損益まで）を作成しなさい。なお，工事に損失が見込まれる場合には，損失が見込まれることが判明した期から工事損失引当金を設定し，工事損失となる場合には，金額の前に△印を付すこと。

【Ａ工事に関する資料】各年度で見積もられた工事収益総額，工事原価総額等

	×1年度	×2年度	×3年度
契約締結時点での工事収益総額	960, 000千円	960, 000千円	960, 000千円
変　更　額	—	—	40, 000千円
工事収益総額（変更後）	960, 000千円	960, 000千円	1, 000, 000千円
当期に発生した工事原価	134, 400千円	470, 400千円	324, 000千円
契約締結時点での工事原価総額	672, 000千円	672, 000千円	672, 000千円
変　更　額	—	336, 000千円	360, 000千円
工事原価総額（変更後）	672, 000千円	1, 008, 000千円	1, 032, 000千円

注１　×2年度から建築資材の需給が悪化しはじめ，×2年度に工事原価総額の見積りが1, 008, 000千円へと増加し，×3年度にはさらに悪化して1, 032, 000千円へと増加したため，同年に工事収益総額を1, 000, 000千円とする契約条件の変更を行った。

２　工事の進捗度を合理的に見積ることができるため，進捗度にもとづいて収益を認識する。

３　決算日における工事の進捗度を原価比例法によって算定する。

【Ｂ工事に関する資料】各年度で見積もられた工事収益総額，工事原価総額等

	×2年度	×3年度
工事収益総額	624, 000千円	624, 000千円
当期に発生した工事原価	129, 600千円	331, 200千円
工事原価総額	不　明	576, 000千円

注１　×2年度において工事の進捗度を合理的に見積ることができないが，履行義務を充足する際に発生する費用の回収は見込まれる。

２　×3年度において工事の進捗度を合理的に見積ることができるようになったため，×3年度より進捗度にもとづいて収益を認識する。

３　決算日における工事の進捗度を原価比例法によって算定する。

理解度チェック

問題5-6　★★★

設問の文章について，正しいと思うものには○印を，正しくないと思うものには×印を付し，×印としたものについてはその理由を２行以内で記述しなさい。

〔設　問〕

1．工事契約に関して，履行義務の充足に係る進捗度を合理的に見積ることができる場合には，当該進捗度にもとづき収益を認識し，履行義務の充足に係る進捗度を合理的に見積ることはできないが，充足する際に発生する費用を回収することが見込まれる場合には，原価回収基準により収益を認識する。

2．進捗度にもとづき収益を認識する場合には，毎期の工事収益を工事全体に係る材料費の総額に対する当期に発生した材料費の割合に応じて計上することが一般に合理的である。

3．工事契約について，工事原価総額等が工事収益総額を超過する可能性が高く，その金額を合理的に見積ることが可能な場合は，超過すると見込まれる額のうち，当該工事契約に関してすでに計上されている損益の額を控除した残額を，超過すると見込まれた期の損失として処理し，工事損失引当金を計上する。

4．工事損失引当金の繰入額は売上原価に含め，工事損失引当金の期末残高は，貸借対照表の流動負債に計上する。

Theme 06 割賦販売

理解度チェック

問題6-1 ★★★

次の資料にもとづいて，当期の損益計算書に記載される売上高および受取利息の額を求めなさい。

（資　料）

1．当期に商品を40,000円（現金販売価格は32,000円）で割賦販売した（10回分割払い）。

2．当期末までに４回分の割賦金16,000円を回収した。

3．売価と現金販売価格との差額は利息として処理し，定額法により回収時に計上する。

理解度チェック

問題6-2 ★★★

次の資料にもとづいて，当期における⑴代金の回収時および⑵代金の回収不能時の仕訳を示しなさい。なお，売価と現金販売価格との差額は利息として処理し，定額法により回収時に計上する。

（資料１）期首試算表（一部）

期首試算表　　（単位：円）

借方科目	金額	貸方科目	金額
売　掛　金	76,000	貸倒引当金	3,000
割賦売掛金	19,200		

（資料２）期中取引等

1．前期に商品を40,000円（現金販売価格は32,000円）で割賦販売した（５回分割払い）。

2．前期末までに２回分の割賦金16,000円を回収している。

3．当期に１回分の割賦金8,000円を回収した。

4．上記３．の割賦金の回収後，顧客から今後の支払いが困難である旨の申し出があり，回収不能となった。この際に商品を取り戻しており，取り戻した商品の評価額は7,000円であった。

5．貸倒引当金3,000円は，売上債権（割賦売掛金を含む）に対して設定されたものである。

Theme

07 委託販売

理解度チェック

問題7-1 ★★★

次の資料により，損益計算書（一部）および貸借対照表（一部）を作成しなさい。

（資料１）決算整理前残高試算表（一部）

決算整理前残高試算表　（単位：円）

繰越商品	180,000	一般売上	825,000
積送品	200,000	積送品売上	230,000
仕入	600,000		

（資料２）決算整理事項

1．手許商品棚卸高　各自推定　円

2．委託販売は当期より始めており，期末に一括して売上原価を仕入勘定で計算する方法によっている。

3．一般販売の原価率は80%であり，積送品は一般販売の15%増しで販売している。

理解度チェック

問題7-2 ★★★

次の資料により，損益計算書（一部）および貸借対照表（一部）を作成しなさい。

（資料１）決算整理前残高試算表（一部）

決算整理前残高試算表　（単位：円）

繰越商品	180,000	一般売上	825,000
積送品	40,000	積送品売上	230,000
仕入	760,000		

（資料２）決算整理事項

1．手許商品棚卸高　各自推定　円

2．委託販売は当期より始めており，販売のつど売上原価を仕入勘定に振り替える方法によっている。

3．一般販売の原価率は80%であり，積送品は一般販売の15%増しで販売している。

理解度チェック □□□

問題7-3 ★☆☆

次の各取引について，⑴発送時の積送諸掛は積送品原価に加算し，受託者側で発生した積送諸掛は積送品売上と相殺する方法によった場合と，⑵積送諸掛はすべて積送諸掛勘定で処理する方法によった場合のそれぞれについて，①仕訳を示すとともに②決算整理後残高試算表（一部）を作成しなさい。なお，売上原価は期末に一括して仕入勘定で計算している。

（取　引）

1．商品240,000円（原価@240円，1,000個）を掛けで仕入れた。

2．商品240,000円（原価@240円，1,000個）を積送し，運賃10,000円を現金で支払った。

3．上記２の積送品のうち800個が販売され，直ちに受託者から次の仕切精算書を受け取った。

仕　切　精　算　書

売　上　高	（　800個）		240,000円
諸　掛　り			
引　取　費	（1,000個）	3,000円	
発　送　費	（　800個）	2,000円	
手　数　料	（　800個）	12,000円	17,000円
手　取　金			223,000円

4．上記２の積送品のうち200個が期末現在，未販売である。積送諸掛勘定で処理している積送諸掛のうち，未販売の積送品に対応するものを繰り延べる。

理解度チェック

問題7-4 ★★★

次の資料により，損益計算書を完成しなさい。なお，当期は×2年３月31日を決算日とする１年である。

（資料１）決算整理前残高試算表

決算整理前残高試算表

×2年３月31日　（単位：円）

借方科目	金　額	貸方科目	金　額
現金預金	277,600	支払手形	311,000
受取手形	150,000	買掛金	255,000
売掛金	215,000	貸倒引当金	9,000
積送未収金	270,000	建物減価償却累計額	468,000
売買目的有価証券	180,000	長期借入金	390,000
繰越商品	150,000	資本金	1,500,000
積送品	1,229,000	資本準備金	220,000
仮払法人税等	70,000	利益準備金	48,000
建物	1,200,000	任意積立金	112,000
備品	400,000	繰越利益剰余金	93,600
車両	500,000	一般売上	2,460,000
長期貸付金	300,000	積送品売上	1,620,000
満期保有目的債券	175,000	受取利息	8,000
仕入	1,937,000	有価証券利息	5,400
販売費	249,400		
一般管理費	188,000		
支払利息	9,000		
	7,500,000		7,500,000

（資料２）決算整理事項等

1．仕入から仕入割引15,000円が控除されている。

2．期末手許商品棚卸高は，次のとおりである。商品評価損は売上原価の内訳科目とし，棚卸減耗損は販売費及び一般管理費に記載する。

⑴　帳簿棚卸高　510個　単価　200円（原　価）

⑵　実地棚卸高

良　　品　460個　単価　180円（正味売却価額）

不 良 品　30個　単価　120円（正味売却価額）

3．委託販売

⑴　委託販売の原価率は70％であり，期首積送品は85,000円であった。売上原価の計算は期末に一括して仕入勘定で計算する方法による。

⑵　決算手続中に売上高80,000円，諸掛り10,000円，手取金70,000円の仕切精算書が到達したが未処理である（×2年３月28日に販売）。

⑶　諸掛りは販売費として処理するが，諸掛りのうち1,000円は次期に繰り延べる。なお，積送品からは，減耗等は生じていない。

4．売買目的有価証券は当期に取得したものであり，当期末における時価は200,000円である。

5．満期保有目的債券は当期首において額面180,000円の社債（償還期限５年）を取得したものである。当該社債の額面金額と取得価額の差額は金利の調整と認められ，償却原価法（定額法）を適用する。

6．貸倒引当金を売上債権の期末残高に対して差額補充法により２％設定する。なお，前期に発生した売掛金のうち5,000円が貸倒れとなっているが未処理である。

7．減価償却を次の方法により行う。

⑴　建物は定額法（耐用年数30年，残存価額10％）により減価償却を行う。

⑵　備品はすべて当期の10月１日に取得した物であり，定率法（償却率25％）により減価償却を行う。

⑶　車両はすべて当期の７月20日に取得した物であり，生産高比例法（総走行距離100,000km，当期走行距離12,000km，残存価額10％）により減価償却を行う。

8．未収受取利息1,200円，前払一般管理費2,000円，未払販売費1,600円を計上する。

9．課税所得400,000円に対して30％の法人税等を計上する。

理解度チェック □□□

問題7-5　★☆☆

次の（Ⅰ）決算整理前残高試算表（一部推定），（Ⅱ）期末整理事項および参考事項にもとづいて，決算整理後残高試算表の各金額を計算しなさい。

（Ⅰ）　決算整理前残高試算表

残　高　試　算　表

×2年３月31日　　（単位：千円）

借　方　科　目	金　　額	貸　方　科　目	金　　額
繰　越　商　品	□	一　般　売　上	□
積　送　品	□	積　送　品　売　上	□
仕　入	35,640		
積　送　諸　掛	940		

（Ⅱ）　期末整理事項および参考事項

1．期首手許商品棚卸高2,400個，期首積送品棚卸高1,600個

2．当期商品総仕入高39,300個，仕入戻し高1,800個（仕入単価は前期・当期とも同一である）

3．委託販売のための当期発送高7,800個（当期中の返品はなかった）。なお，発送時の諸掛りは積送諸掛勘定で処理し，未実現に対応する分を期末に繰延積送諸掛勘定に振り替え，翌期首に再振替仕訳をする。当期の発送諸掛は780千円であり，積送品に均等配分する。

4．１個あたりの売価は一般売上・積送品売上ともに同一である。

5．積送品売上高は売上計算書上の手取金を計上し，それに対応する売上原価は期末に一括して積送品勘定から仕入勘定に振り替える。

当期の売上計算書の内訳：売上高18,750千円，諸掛り3,450千円，手取金15,300千円

6．期末手許商品棚卸高：帳簿棚卸高2,600個，実地棚卸高2,500個

期末積送品棚卸高（原価）：2,280千円

なお，期末商品正味売却価額は１個あたり1.1千円である。

理解度チェック □□□

問題7-6 ★☆☆

当社は単一商品を取り扱い，一般販売と委託販売を行っている。よって，以下の資料により決算整理後残高試算表（一部）を完成しなさい。

（資料１）決算整理前残高試算表

決算整理前残高試算表　（単位：円）

借方科目	金額	貸方科目	金額
売掛金	44,700	買掛金	19,000
繰越商品	30,000	売上	各自推定
積送品	3,000		
仕入	各自推定		
販売費	62,000		

（資料２）期中処理事項その他

1．商品の払出単価の計算は，先入先出法によっている。

2．前期末までは適正に処理されていたが，当期首に経理担当者が交替しており，当期からは，一般販売と委託販売を区別せずに，商品の出庫ごとに売価または指値で掛け販売の処理を行い，商品が戻ってきた時点で売上と売掛金を減額する処理を行っていた。よって，適正な処理へ修正する。

3．発送諸掛は適正に処理している。

4．当社における商品の入出庫について，日付順に示すと以下のようになる。なお，期中の商品売買はすべて掛けで行っている。

	個数	原価	売価または指値
①期首商品（手許商品）	100個	@300円	
②　〃　（積送分）	10個	@300円	
③委託販売のため商品発送	30個		@530円
④委託販売商品の戻り（注）	10個		@530円
⑤商品仕入	300個	@330円	
⑥一般売上	220個		@500円
⑦商品仕入	400個	@350円	
⑧委託販売のため商品発送	60個		@530円
⑨一般売上	300個		@520円

（注）委託販売商品の戻りは，前期に発送した商品である。この商品は再販売が不能のため廃棄処分したが未処理である。なお，廃棄損は販売費として処理する。

5．期中に委託先から受け取った売上計算書より70個が指値どおりに販売されたことが判明している。なお，この取引により指値に対して３％の諸掛り（販売費として処理）が生じている。当該委託品の販売および諸掛りについての処理が未処理である。

6．期首売掛金残高は31,300円であり，そのうち一般売上に対するものが24,800円，積送品売上に対するものが6,500円であった。

7．積送売掛金の期中における入金25,000円が，売掛金の入金として処理されている。

理解度チェック □□□

問題7-7 ★☆☆

次の資料により，損益計算書（一部）を完成しなさい。

（資料１）決算整理前残高試算表（一部）

決算整理前残高試算表

×3年３月31日　（単位：円）

借方科目	金額	貸方科目	金額
受取手形	20,000	支払手形	各自推定
売掛金	各自推定	買掛金	40,000
繰越商品	32,000	一般売上	各自推定
積送品	各自推定	積送品売上	各自推定
仕入	各自推定		

（資料２）上記残高試算表に関連する事項

1．当社は，Ａ商品の仕入・販売を行っているが，当期にＢ商品の仕入・販売を開始した。

2．Ａ商品の内訳（一般販売）

⑴　第１回仕入高　7,000個，仕入単価 各自推定 円

⑵　第２回仕入高　8,000個，仕入単価 各自推定 円

⑶　期末棚卸高　1,400個

⑷　第２回仕入の仕入単価は第１回仕入の仕入単価を１円下回った。

⑸　商品の原価配分は先入先出法による。なお，棚卸減耗は生じていない。

3．Ｂ商品の内訳（委託販売）

⑴　第１回仕入高　5,000個，仕入単価@21円

⑵　第２回仕入高　4,000個，仕入単価@20円

⑶　Ｂ商品はすべて掛けで仕入れ，全品を委託販売しており，仕入と同時に全品委託先に積送している。

⑷　当期中に@36円で7,400個を販売した。なお，諸掛り（@５円）を差し引いた手取金をもって積送品売上を計上して，手取金を売掛金として処理する。

⑸　商品の原価配分は先入先出法による。なお，棚卸減耗は生じていない。

4．債権について

⑴　受取手形

期首残高　24,500円，一般売上による増加 各自推定 円，売掛金の回収による増加　95,000円
現金預金による決済　180,000円

⑵　売掛金

期首残高　80,500円，一般売上による増加　590,100円，委託販売による増加 各自推定 円
手形による回収　95,000円，現金預金による回収　729,000円

5．債務について

⑴　支払手形

期首残高　28,000円，Ａ商品の仕入による増加　77,000円，買掛金の支払いによる増加　95,000円，現金預金による決済　170,000円

⑵　買掛金

期首残高　35,000円，Ａ商品の仕入による増加 各自推定 円，Ｂ商品の仕入による増加 各自推定 円，手形による支払い　95,000円，現金預金による支払い　465,000円

Theme 08 試用販売

理解度チェック

問題8-1 ★☆☆

次の資料にもとづいて，損益計算書（一部）および貸借対照表（一部）を作成しなさい。

（資料１）

決算整理前残高試算表　（単位：円）

借方科目	金額	貸方科目	金額
繰越商品	100,000	一般売上	600,000
試用品	230,000	試用品売上	250,000
仕入	500,000		

（資料２）

1．期首試用品原価80,000円

2．期末手許商品帳簿原価 ［各自推定］ 円

3．一般販売の原価率は80％であり，試用販売は一般販売の25％増しの売価を設定している。

4．試用品は期末に一括して仕入勘定で売上原価を計算する方法によっている。

理解度チェック

問題8-2 ★☆☆

次の資料にもとづいて，損益計算書（一部）および貸借対照表（一部）を作成しなさい。

（資料１）

決算整理前残高試算表　（単位：円）

借方科目	金額	貸方科目	金額
売掛金	500,000	貸倒引当金	2,000
繰越商品	50,000	一般売上	800,000
試用品	60,000	試用品売上	600,000
仕入	1,090,000		

（資料２）

1．期首試用品は40,000円であった。

2．試用販売の原価率は70％である。

3．試用販売は，販売のつど仕入勘定に売上原価を振り替える方法によっている。

4．期末手許商品棚卸高

帳簿棚卸高：1,000個　@80円（原価）

実地棚卸高：良品950個　@60円（正味売却価額），品質低下品30個　@40円（正味売却価額）

なお，棚卸減耗損は販売費及び一般管理費に表示し，商品評価損は売上原価の内訳科目として表示すること。また，試用品からは減耗等は生じていない。

5．売掛金期末残高に対して２％の貸倒引当金を差額補充法により設定する。

理解度チェック

問題8-3 ★★★

次の資料により，損益計算書（一部）および貸借対照表（一部）を作成しなさい。

（資料１）

決算整理前残高試算表　　　　（単位：円）

借方科目	金額	貸方科目	金額
売掛金	293,400	貸倒引当金	2,000
繰越商品	46,000	一般売上	924,000
試用品	6,000	試用品売上	66,000
試用未収金	33,000	試用仮売上	33,000
仕入	763,500		

（資料２）

1．期末手許商品帳簿原価は55,000円，実地原価は54,000円である。棚卸減耗損は販売費及び一般管理費に表示する。

2．期末商品の正味売却価額は手許商品および試用品のそれぞれにつき，原価の２％低下している。商品評価損は売上原価の内訳科目に表示する。

3．決算日に試用品6,600円（売価）について，得意先から買取りの意思表示を受けたが未処理である。

4．試用品は一般売上の10％増しで販売している。

5．売上債権期末残高に対して２％の貸倒引当金を差額補充法により設定する。

Theme

09 未着品販売

理解度チェック

問題9-1 ★★★

次の資料により，損益計算書（一部）および貸借対照表（一部）を作成しなさい。

（資料１）決算整理前残高試算表（一部）

決算整理前残高試算表　（単位：円）

繰越商品	144,000	一般売上	660,000
未着品	160,000	未着品売上	184,000
仕入	480,000		

（資料２）決算整理事項

1．手許商品棚卸高 各自推定 円

2．期首未着品原価は10,000円であり，期末に一括して売上原価を仕入勘定で計算する方法によっている。

3．一般販売の原価率は80％であり，未着品は一般販売の15％増しで販売している。

理解度チェック

問題9-2 ★★★

次の資料により，損益計算書（一部）および貸借対照表（一部）を作成しなさい。

（資料１）決算整理前残高試算表（一部）

決算整理前残高試算表　（単位：円）

繰越商品	144,000	一般売上	660,000
未着品	32,000	未着品売上	184,000
仕入	608,000		

（資料２）決算整理事項

1．手許商品棚卸高 各自推定 円

2．期首未着品原価は10,000円であり，販売のつど売上原価を仕入勘定に振り替える方法によっている。

3．一般販売の原価率は80％であり，未着品は一般販売の15％増しで販売している。

MEMO

総合問題

理解度チェック

総合問題1 ★★★

次の資料にもとづき，解答用紙の決算整理後残高試算表を完成しなさい。なお，当期は×4年４月１日から×5年３月31日までの１年とする。

（資料１）前期末における貸借対照表

貸 借 対 照 表

×4年３月31日　　　　（単位：千円）

資　　産	金　　額	負債・純資産	金　　額
現金預金	253,480	支払手形	164,800
受取手形	163,000	買掛金	132,000
売掛金	236,000	未払法人税等	30,000
貸倒引当金	△　7,980	未払費用	1,000
商品	55,000	退職給付引当金	880,000
未収収益	500	資本金	1,500,000
建物	900,000	資本準備金	150,000
減価償却累計額	△　300,000	利益準備金	80,000
備品	800,000	繰越利益剰余金	62,200
減価償却累計額	△　350,000		
土地	1,250,000		
	3,000,000		3,000,000

（注）未収収益は受取利息，未払費用は販売費及び一般管理費に対するものである。

（資料２）期中取引および決算整理事項等

1．商品売買等に関する事項は次のとおりである。

(1) 手形の受入れによる売上高は352,000千円，約束手形の振出しによる仕入高は175,000千円である。

(2) 売掛金の現金預金による回収高は382,200千円，手形の受入れによる回収高は248,000千円であり，売掛金の当期末残高は202,000千円である。

(3) 買掛金の現金預金による支払高は151,000千円，約束手形の振出しによる支払高は58,000千円であり，買掛金の当期末残高は172,900千円である。

(4) 受取手形の現金預金による取立高は516,000千円，支払手形の現金預金による決済高は212,500千円である。

(5) 期首商品棚卸高の数量は400個（単価は一定），当期商品仕入高の数量は3,035個（期中の仕入単価は一定）であり，期末商品棚卸高は以下のとおりである。なお，棚卸資産の評価に関して先入先出法を採用している。

帳簿棚卸高	480個			
実地棚卸高	良　品	430個	売価　@150千円	見積販売直接経費　@15千円
	品質低下品	20個	売価　@ 75千円	見積販売直接経費　@15千円

2．受取手形および売掛金の期末残高に対して，貸倒実績率２％の貸倒引当金を差額補充法により設定する。

3．当期に株式100株を売買目的により@950千円で一括して取得し，現金預金で支払った。また，当期中に50株を48,500千円で売却し現金預金により受け取っている。なお，この株式の当期末の時価は@900千円である。

4．減価償却を次の方法により行う。

(1) 建物：定額法，残存価額　0（ゼロ），耐用年数30年

(2) 備品：定率法，償却率25%

なお，当期末において，備品（過去に一括取得している）のうち２分の１を178,750千円で売却したが未処理である。また，売却代金は翌期中に受け取る予定である。

5．当期中に退職者に対して182,000千円の退職金を現金預金により支払っている。また，当期末に退職給付費用を102,000千円繰り入れる。

6．×4年５月１日に，期間３年，利率年３%，利払日は４月と10月の各末日の条件で200,000千円を現金預金により貸し付けた。なお，利息は適正に現金預金で受け取っている。

7．×4年６月１日に，期間５年，利率年３%，利払日は５月と11月の各末日の条件で200,000千円を現金預金により借り入れた。なお，利息は適正に現金預金で支払っている。

8．×4年６月20日に開催された定時株主総会により利益剰余金の配当40,000千円の支払いおよび配当にともなう利益準備金の積立てが決議され，配当は後日，現金預金にて支払っている。

9．販売費及び一般管理費145,650千円を現金預金で支払い，預金に対する利息5,200千円を現金預金で受け取った。

10．販売費及び一般管理費の未払分1,400千円および預金に対する受取利息の未収分300千円を計上する。

11．法人税等60,000千円（中間納付を含む）を現金預金で納付した。また，課税所得150,000千円に対して30%の法人税等を計上する。

理解度チェック

総合問題2 ★★★

次の（資料）にもとづき，解答用紙の決算整理後残高試算表を完成しなさい。なお，当期は×4年4月1日から×5年3月31日までの1年とする。

（資料1）前期末における貸借対照表

貸借対照表

×4年3月31日　（単位：千円）

借方	金額	貸方	金額
現金預金	272,140	支払手形	225,000
受取手形	220,500	買掛金	218,000
売掛金	281,260	未払法人税等	30,000
商品	152,000	未払費用	1,320
未収収益	600	退職給付引当金	650,000
建物	800,000	資本金	2,000,000
備品	450,000	資本準備金	140,000
土地	1,000,000	利益準備金	120,000
投資有価証券	288,000	繰越利益剰余金	80,180
	3,464,500		3,464,500

（注）1　貸倒引当金：受取手形4,500千円，売掛金5,740千円
　　2　減価償却累計額：建物400,000千円，備品150,000千円
　　3　未払費用：販売費及び一般管理費1,320千円
　　4　未収収益：受取利息600千円

（資料2）期中取引

1．現金預金の増減の内訳

(1)　現金預金の増加

a	商品売上高	200,000千円
b	受取手形取立高	728,700千円
c	売掛金回収高	308,500千円
d	有価証券利息受取高	21,000千円
e	貸付金利息受取高	6,000千円
f	長期借入高	300,000千円
g	預金利息受取高	6,900千円

(2)　現金預金の減少

a	商品仕入高	130,000千円
b	支払手形決済高	291,000千円
c	買掛金支払高	235,000千円
d	車両購入高	200,000千円
e	退職金支払高	156,000千円
f	長期貸付高	300,000千円
g	借入金利息支払高	6,000千円
h	配当金支払高	50,000千円
i	販売費支払及び一般管理費支払高	160,820千円
j	法人税等納付高	40,000千円

2．商品売上高の内訳
　現金売上高　200,000千円　　掛売上高　［各自推定］千円　　手形売上高　502,700千円

3．売掛金の手形による回収高は328,000千円であり，売掛金の当期末残高は333,000千円である。

4．商品仕入高の内訳
　現金仕入高　130,000千円　　掛仕入高　［各自推定］千円　　手形仕入高　273,000千円

5．買掛金の約束手形振出しによる支払高は123,000千円であり，買掛金の当期末残高は205,000千円である。

6．車両を×4年10月1日に200,000千円で購入している。

7．×4年５月１日に，期間３年，利率年４％，利払日は４月と10月の各末日の条件で300,000千円を貸し付けた。

8．×4年６月１日に，期間５年，利率年４％，利払日は５月と11月の各末日の条件で300,000千円を借り入れた。

9．×4年６月20日に開催された定時株主総会により利益剰余金の配当50,000千円の支払いおよび配当にともなう利益準備金の積立てが決議された。

（資料３）期末整理事項等

1．期首商品棚卸高の数量は1,000個（単価は一定），当期商品仕入高の数量は5,000個（期中の仕入単価は一定）であり，期末商品棚卸高は以下のとおりである。なお，棚卸資産の評価に関して平均法を採用している。

帳簿棚卸高	400個			
実地棚卸高	良　　品	370個	売価　@160千円	見積販売直接経費　@20千円
	品質低下品	20個	売価　@ 90千円	見積販売直接経費　@20千円

2．受取手形および売掛金の期末残高に対して，貸倒実績率２％の貸倒引当金を差額補充法により設定する。

3．投資有価証券は，満期保有の目的で×3年４月１日に，額面総額300,000千円を@100円につき@95円，期間５年，利率年７％（利払日は３月末日）の条件で購入したものである。なお，償却原価法（定額法）を適用している。

4．固定資産の減価償却

⑴　建物：定額法，残存価額　0（ゼロ），耐用年数30年

⑵　備品：定率法，償却率25％

⑶　車両：定額法，残存価額　0（ゼロ），耐用年数５年

5．退職給付費用を96,000千円繰り入れる。

6．販売費及び一般管理費の未払分2,000千円および預金に対する受取利息の未収分700千円を計上する。

7．課税所得150,000千円に対して30％の法人税等を計上する。

よくわかる簿記シリーズ

合格(ごうかく)トレーニング　日商簿記(にっしょうぼき)１級商業簿記(きゅうしょうぎょうぼき)・会計学(かいけいがく)Ⅰ　Ver. 18.0

2001年12月10日　初　版　第１刷発行
2023年11月20日　第19版　第１刷発行

編著者　ＴＡＣ株式会社（簿記検定講座）
発行者　多田敏男
発行所　ＴＡＣ株式会社　出版事業部（ＴＡＣ出版）
〒101－8383
東京都千代田区神田三崎町3－2－18
電話 03（5276）9492（営業）
FAX 03（5276）9674
https://shuppan.tac-school.co.jp

組　版　朝日メディアインターナショナル株式会社
印　刷　株式会社　ワ　コ　ー
製　本　株式会社　常　川　製　本

ISBN 978－4－300－10667－9
N.D.C. 336

乱丁・落丁による交換，および正誤のお問合せ対応は，該当書籍の改訂版刊行月末日までといたします。なお，交換につきましては，書籍の在庫状況等により，お受けできない場合もございます。
また，各種本試験の実施の延期，中止を理由とした本書の返品はお受けいたしません。返金もいたしかねますので，あらかじめご了承くださいますようお願い申し上げます。

簿記検定講座のご案内

選べる学習メディアでご自身に合うスタイルでご受講ください！

通学講座

3級コース　3・2級コース　2級コース　1級コース　1級上級・アドバンスコース

教室講座

通って学ぶ

定期的な日程で通学する学習スタイル。常に講師と接することができるという教室講座の最大のメリットがありますので、疑問点はその日のうちに解決できます。また、勉強仲間との情報交換も積極的に行えるのが特徴です。

ビデオブース講座

通って学ぶ　予約制

ご自身のスケジュールに合わせて、TACのビデオブースで学習するスタイル。日程を自由に設定できるため、忙しい社会人に人気の講座です。

直前期教室出席制度
直前期以降、教室受講に振り替えることができます。

無料体験入学　ご自身の目で、耳で体験し納得してご入学いただくために、無料体験入学をご用意しました。

無料講座説明会　もっとTACのことを知りたいという方は、無料講座説明会にご参加ください。

無　料
予約不要※

※ビデオブース講座の無料体験入学は要予約。
無料講座説明会は一部校舎では要予約。

通信講座

3級コース　3・2級コース　2級コース　1級コース　1級上級・アドバンスコース

Web通信講座

見て学ぶ

教室講座の生講義をブロードバンドを利用し動画で配信します。ご自身のペースに合わせて、24時間いつでも何度でも繰り返し受講することができます。また、講義動画はダウンロードして2週間視聴可能です。有効期間内は何度でもダウンロード可能です。

※Web通信講座の配信期間は、お申込コースの目標月の翌月末までです。

TAC WEB SCHOOL ホームページ
URL https://portal.tac-school.co.jp/

※お申込み前に、左記のサイトにて必ず動作環境をご確認ください。

DVD通信講座

見て学ぶ

講義を収録したデジタル映像をご自宅にお届けします。講義の臨場感をクリアな画像でご自宅にて再現することができます。

※DVD-Rメディア対応のDVDプレーヤーでのみ受講が可能です。
パソコンやゲーム機での動作保証はいたしておりません。

資料通信講座（1級のみ）

テキスト・添削問題を中心として学習します。

Webでも無料配信中！　スマホ タブレット　パソコン

「TAC動画チャンネル」

- 講座説明会　※収録内容の変更のため、配信されない期間が生じる場合がございます。
- 1回目の講義（前半分）が視聴できます

詳しくは、TACホームページ
「TAC動画チャンネル」をクリック！

TAC動画チャンネル　簿記　検索

コースの詳細は、簿記検定講座パンフレット・TACホームページをご覧ください。

パンフレットのご請求・お問い合わせは、TACカスタマーセンターまで

通話無料　0120-509-117（ゴウカク イイナ）

受付時間　月～金 9:30～19:00
土・日・祝 9:30～18:00
※携帯電話からもご利用になれます。

TAC簿記検定講座ホームページ
TAC 簿記　検索

簿記検定講座

お手持ちの教材がそのまま使用可能！【テキストなしコース】のご案内

TAC簿記検定講座のカリキュラムは市販の教材を使用しておりますので、こちらのテキストを使ってそのまま受講することができます。独学では分かりにくかった論点や本試験対策も、TAC講師の詳しい解説で理解度も120％UP！ 本試験合格に必要なアウトプット力が身につきます。独学との差を体感してください。

左記の各メディアが【テキストなしコース】でお得に受講可能！

こんな人にオススメ！

- ●テキストにした書き込みをそのまま活かしたい！
- ●これ以上テキストを増やしたくない！
- ●とにかく受講料を安く抑えたい！

※お申込前に必ずお手持ちのバージョンをご確認ください。場合によっては最新のものに買い直していただくことがございます。詳細はお問い合わせください。

お手持ちの教材をフル活用!!

(2021年7月現在)

書籍のご購入は

1 全国の書店、大学生協、ネット書店で

2 TAC各校の書籍コーナーで

資格の学校TACの校舎は全国に展開!
校舎のご確認はホームページにて

資格の学校TAC ホームページ
https://www.tac-school.co.jp

3 TAC出版書籍販売サイトで

CYBER BOOK STORE TAC出版書籍販売サイト

TAC 出版 で 検索

24時間 ご注文 受付中

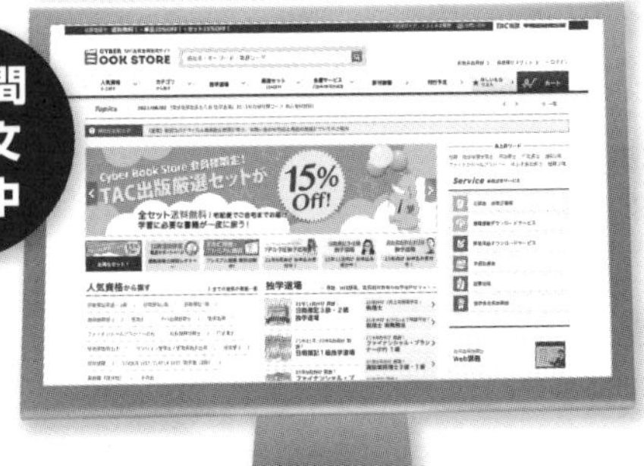

https://bookstore.tac-school.co.jp/

新刊情報を いち早くチェック!

たっぷり読める 立ち読み機能

学習お役立ちの 特設ページも充実!

TAC出版書籍販売サイト「サイバーブックストア」では、TAC出版および早稲田経営出版から刊行されている、すべての最新書籍をお取り扱いしています。
また、無料の会員登録をしていただくことで、会員様限定キャンペーンのほか、送料無料サービス、メールマガジン配信サービス、マイページのご利用など、うれしい特典がたくさん受けられます。

サイバーブックストア会員は、特典がいっぱい!(一部抜粋)

通常、1万円(税込)未満のご注文につきましては、送料・手数料として500円(全国一律・税込)頂戴しておりますが、1冊から無料となります。

専用の「マイページ」は、「購入履歴・配送状況の確認」のほか、「ほしいものリスト」や「マイフォルダ」など、便利な機能が満載です。

メールマガジンでは、キャンペーンやおすすめ書籍、新刊情報のほか、「電子ブック版TACNEWS(ダイジェスト版)」をお届けします。

書籍の発売を、販売開始当日にメールにてお知らせします。これなら買い忘れの心配もありません。

日商簿記検定試験対策書籍のご案内

TAC出版の日商簿記検定試験対策書籍は、学習の各段階に対応していますので、あなたのステップに応じて、合格に向けてご活用ください!

3タイプのインプット教材

1

簿記を専門的な知識にしていきたい方向け

満点合格を目指し 次の級への土台を築く

「合格テキスト」

「合格トレーニング」

- 大判のB5判、3級~1級累計300万部超の、信頼の定番テキスト&トレーニング! TACの教室でも使用している公式テキストです。3級のみオールカラー。
- 出題論点はすべて網羅しているので、簿記をきちんと学んでいきたい方にぴったりです!

◆3級 □2級 商簿、2級 工簿 ■1級 商・会 各3点、1級 工・原 各3点

2

スタンダードにメリハリつけて学びたい方向け

教室講義のような わかりやすさでしっかり学べる

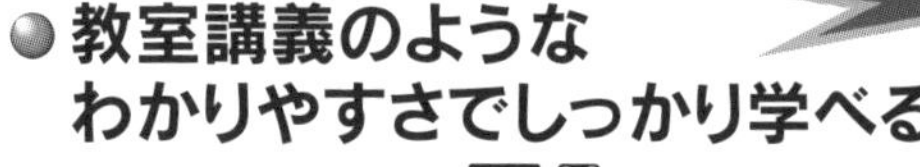

「簿記の教科書」

「簿記の問題集」

滝澤 ななみ 著

- A5判、4色オールカラーのテキスト(2級・3級のみ)&模擬試験つき問題集!
- 豊富な図解と実例つきのわかりやすい説明で、もうモヤモヤしない!!

◆3級 □2級 商簿、2級 工簿 ■1級 商・会 各3点、1級 工・原 各3点

DVDの併用で、さらに理解が深まります!

『簿記の教科書DVD』

- 「簿記の教科書」3、2級の準拠DVD。わかりやすい解説で、合格力が短時間で身につきます!

◆3級 □2級 商簿、2級 工簿

3

気軽に始めて、早く全体像をつかみたい方向け

初学者でも楽しく続けられる!

「スッキリわかる」

テキスト/問題集一体型

滝澤 ななみ 著 (1級は商・会のみ)

- 小型のA5判によるテキスト/問題集一体型。これ一冊でOKの、圧倒的に人気の教材です。
- 豊富なイラストとわかりやすいレイアウト! かわいいキャラの「ゴエモン」と一緒に楽しく学べます。

◆3級 □2級 商簿、2級 工簿 ■1級 商・会 4点、1級 工・原 4点

シリーズ待望の問題集が誕生!

「スッキリとける本試験予想問題集」

滝澤 ななみ 監修 TAC出版開発グループ 編著

- 本試験タイプの予想問題9回分を掲載

◆3級 □2級

DVDの併用で、さらに理解が深まります!

『スッキリわかる 講義DVD』

- 「スッキリわかる」3、2級の準拠DVD。超短時間でも要点はのがさず解説。3級10時間、2級14時間+10時間で合格へひとっとび。

◆3級 □2級 商簿、2級 工簿

TAC出版

コンセプト問題集

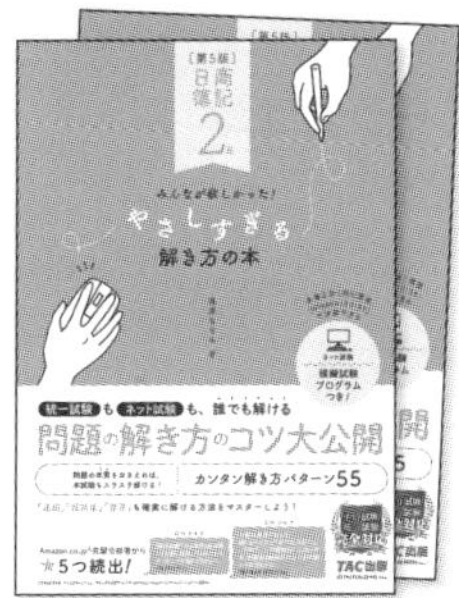

得点力をつける!

『みんなが欲しかった! やさしすぎる解き方の本』 

B5判　滝澤 ななみ 著

- 授業で解き方を教わっているような新感覚問題集。再受験にも有効。

◆3級　□2級

本試験対策問題集

本試験タイプの問題集

『合格するための本試験問題集』

（1級は過去問題集）

B5判

- 12回分（1級は14回分）の問題を収載。ていねいな「解答への道」、各問対策が充実。

◆3級　□2級　■1級

知識のヌケをなくす!

『まるっと完全予想問題集』 

（1級は網羅型完全予想問題集）

A4判

- オリジナル予想問題（3級10回分、2級12回分、1級8回分）で本試験の重要出題パターンを網羅。
- 実力養成にも直前の本試験対策にも有効。

◆3級　□2級　■1級

直前予想

『○年度試験をあてる TAC予想模試 ＋解き方テキスト』 

（1級は第○回をあてるTAC直前予想模試）

A4判

- TAC講師陣による4回分の予想問題で最終仕上げ。
- 2級・3級は、第1部解き方テキスト編、第2部予想模試編の2部構成。
- 年3回（1級は年2回）、各試験に向けて発行します。

◆3級　□2級　■1級

あなたに合った合格メソッドをもう一冊!

仕訳『究極の仕訳集』

B6変型判

- 悩む仕訳をスッキリ整理。ハンディサイズ、一問一答式で基本の仕訳を一気に覚える。

◆3級　□2級

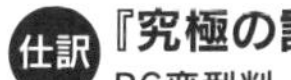

仕訳『究極の計算と仕訳集』

B6変型判　境 浩一朗 著

- 1級商会で覚えるべき計算と仕訳がすべてつまった1冊!

■1級 商・会

理論『究極の会計学理論集』

B6変型判

- 会計学の理論問題を論点別に整理、手軽なサイズが便利です。

■1級 商・会、全経上級

電卓『カンタン電卓操作術』

A5変型判　TAC電卓研究会 編

- 実践的な電卓の操作方法について、丁寧に説明します!

：ネット試験の演習ができる模擬試験プログラムつき（2級・3級）

：スマホで使える仕訳Webアプリつき（2級・3級）

・2023年8月現在　・刊行内容、表紙等は変更することがあります　・とくに記述がある商品以外は、TAC簿記検定講座編です

書籍の正誤に関するご確認とお問合せについて

書籍の記載内容に誤りではないかと思われる箇所がございましたら、以下の手順にてご確認とお問合せをしてくださいますよう、お願い申し上げます。

なお、正誤のお問合せ以外の**書籍内容に関する解説および受験指導などは、一切行っておりません。**
そのようなお問合せにつきましては、お答えいたしかねますので、あらかじめご了承ください。

1 「Cyber Book Store」にて正誤表を確認する

TAC出版書籍販売サイト「Cyber Book Store」の
トップページ内「正誤表」コーナーにて、正誤表をご確認ください。

CYBER BOOK STORE TAC出版書籍販売サイト

URL:https://bookstore.tac-school.co.jp/

2 1の正誤表がない、あるいは正誤表に該当箇所の記載がない ⇒ 下記①、②のどちらかの方法で文書にて問合せをする

★ご注意ください★

お電話でのお問合せは、お受けいたしません。
①、②のどちらの方法でも、お問合せの際には、「お名前」とともに、
「対象の書籍名(○級・第○回対策も含む)およびその版数(第○版・○○年度版など)」
「お問合せ該当箇所の頁数と行数」
「誤りと思われる記載」
「正しいとお考えになる記載とその根拠」
を明記してください。
なお、回答までに1週間前後を要する場合もございます。あらかじめご了承ください。

① ウェブページ「Cyber Book Store」内の「お問合せフォーム」より問合せをする

【お問合せフォームアドレス】

https://bookstore.tac-school.co.jp/inquiry/

② メールにより問合せをする

【メール宛先 TAC出版】

syuppan-h@tac-school.co.jp

※土日祝日はお問合せ対応をおこなっておりません。
※正誤のお問合せ対応は、該当書籍の改訂版刊行月末日までといたします。

乱丁・落丁による交換は、該当書籍の改訂版刊行月末日までといたします。なお、書籍の在庫状況等により、お受けできない場合もございます。
また、各種本試験の実施の延期、中止を理由とした本書の返品はお受けいたしません。返金もいたしかねますので、あらかじめご了承くださいますようお願い申し上げます。

(2022年7月現在)

別冊①

解答編

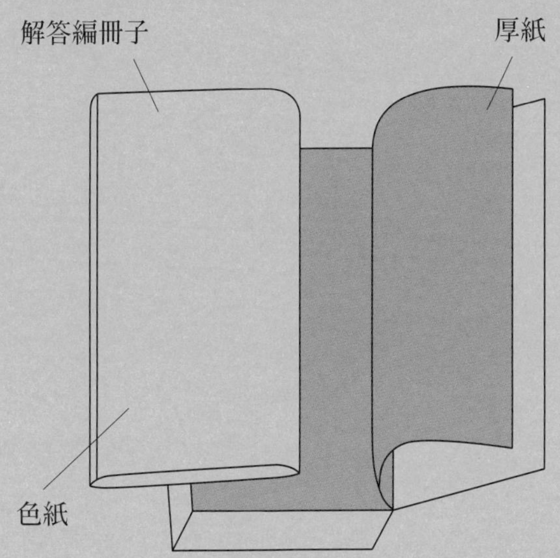

〈解答編ご利用時の注意〉

厚紙から，冊子を取り外します。

※　冊子と厚紙が，のりで接着されています。乱暴に扱いますと，破損する危険性がありますので，丁寧に抜き取るようにしてください。

※　抜き取る際の損傷についてのお取替えはご遠慮願います。

解答編

合格トレーニング

日商簿記 1 級 商業簿記 会計学 I

解答編　CONTENTS

Theme
01 商業簿記・会計学総論

問題1-1

〔問１〕再振替仕訳

（単位：円）

借方科目	金額	貸方科目	金額
（販　売　費）	400	（前 払 販 売 費）	400
（受 取 利 息）	200	（未 収 利 息）	200
（未 払 利 息）	300	（支 払 利 息）	300
（前 受 利 息）	100	（受 取 利 息）	100

〔問２〕決算整理前残高試算表

決算整理前残高試算表

×2年３月31日　（単位：円）

借方科目	金額	貸方科目	金額
現　金	（ 80,000 ）	支 払 手 形	（ 40,000 ）
当 座 預 金	（ 124,000 ）	買 掛 金	（ 30,000 ）
受 取 手 形	（ 60,000 ）	借 入 金	（ 40,000 ）
売 掛 金	（ 39,000 ）	貸 倒 引 当 金	（ 400 ）
繰 越 商 品	（ 25,000 ）	建物減価償却累計額	（ 7,200 ）
貸 付 金	（ 20,000 ）	備品減価償却累計額	（ 5,000 ）
建　物	（ 60,000 ）	資 本 金	（ 200,000 ）
備　品	（ 20,000 ）	利 益 準 備 金	（ 20,000 ）
仕　入	（ 240,000 ）	繰越利益剰余金	（ 51,600 ）
販 売 費	（ 10,400 ）	売　上	（ 300,000 ）
一 般 管 理 費	（ 15,000 ）	受 取 利 息	（ 900 ）
支 払 利 息	（ 1,700 ）		
	（ 695,100 ）		（ 695,100 ）

〔問３〕決算整理仕訳

（単位：円）

	借方科目	金額	貸方科目	金額
(1)	（仕　入）	25,000	（繰 越 商 品）	25,000
	（繰 越 商 品）	30,000	（仕　入）	30,000
(2)	（貸倒引当金繰入）	1,580	（貸 倒 引 当 金）	1,580
(3)	（減 価 償 却 費）	5,550	（建物減価償却累計額）	1,800
			（備品減価償却累計額）	3,750
(4)	（前 払 販 売 費）	200	（販　売　費）	200
	（支 払 利 息）	100	（未 払 利 息）	100
	（未 収 利 息）	100	（受 取 利 息）	100
	（受 取 利 息）	200	（前 受 利 息）	200
(5)	（法 人 税 等）	9,501	（未 払 法 人 税 等）	9,501

〈1〉

〔問４〕決算整理後残高試算表

決算整理後残高試算表

×2年３月31日　（単位：円）

借方科目	金額	貸方科目	金額
現　金	（ 80,000 ）	支 払 手 形	（ 40,000 ）
当 座 預 金	（ 124,000 ）	買 掛 金	（ 30,000 ）
受 取 手 形	（ 60,000 ）	借 入 金	（ 40,000 ）
売 掛 金	（ 39,000 ）	未払法人税等	（ 9,501 ）
繰 越 商 品	（ 30,000 ）	未 払 利 息	（ 100 ）
前 払 販 売 費	（ 200 ）	前 受 利 息	（ 200 ）
未 収 利 息	（ 100 ）	貸 倒 引 当 金	（ 1,980 ）
貸 付 金	（ 20,000 ）	建物減価償却累計額	（ 9,000 ）
建　物	（ 60,000 ）	備品減価償却累計額	（ 8,750 ）
備　品	（ 20,000 ）	資 本 金	（ 200,000 ）
仕　入	（ 235,000 ）	利 益 準 備 金	（ 20,000 ）
販 売 費	（ 10,200 ）	繰越利益剰余金	（ 51,600 ）
一 般 管 理 費	（ 15,000 ）	売　上	（ 300,000 ）
貸倒引当金繰入	（ 1,580 ）	受 取 利 息	（ 800 ）
減 価 償 却 費	（ 5,550 ）		
支 払 利 息	（ 1,800 ）		
法 人 税 等	（ 9,501 ）		
	（ 711,931 ）		（ 711,931 ）

〔問５〕決算振替仕訳

1．収益および費用（法人税等を含む）の振替え

（単位：円）

借方科目	金額	貸方科目	金額
（売　上）	300,000	（損　益）	300,800
（受 取 利 息）	800		
（損　益）	278,631	（仕　入）	235,000
		（販　売　費）	10,200
		（一 般 管 理 費）	15,000
		（貸倒引当金繰入）	1,580
		（減 価 償 却 費）	5,550
		（支 払 利 息）	1,800
		（法 人 税 等）	9,501

2．当期純利益の振替え

（単位：円）

借方科目	金額	貸方科目	金額
（損　益）	22,169	（繰越利益剰余金）	22,169

〈2〉

〔問6〕損益勘定および繰越利益剰余金勘定と繰越試算表

損　益　(単位：円)

3/31	仕入	(235,000)	3/31	売上	(300,000)
〃	販売費	(10,200)	〃	受取利息	(800)
〃	一般管理費	(15,000)			
〃	貸倒引当金繰入	(1,580)			
〃	減価償却費	(5,550)			
〃	支払利息	(1,800)			
〃	法人税等	(9,501)			
〃	繰越利益剰余金	(22,169)			
		(300,800)			(300,800)

繰越利益剰余金　(単位：円)

3/31	次期繰越	(73,769)	4/1	前期繰越	(51,600)
			3/31	損益	(22,169)
		(73,769)			(73,769)

繰越試算表

×2年3月31日　(単位：円)

現金	(80,000)	支払手形	(40,000)
当座預金	(124,000)	買掛金	(30,000)
受取手形	(60,000)	借入金	(40,000)
売掛金	(39,000)	未払法人税等	(9,501)
繰越商品	(30,000)	未払利息	(100)
前払販売費	(200)	前受利息	(200)
未収利息	(100)	貸倒引当金	(1,980)
貸付金	(20,000)	建物減価償却累計額	(9,000)
建物	(60,000)	備品減価償却累計額	(8,750)
備品	(20,000)	資本金	(200,000)
		利益準備金	(20,000)
		繰越利益剰余金	(73,769)
	(433,300)		(433,300)

〔問7〕損益計算書および貸借対照表

損益計算書

自×1年4月1日　至×2年3月31日　(単位：円)

Ⅰ　売上高		(300,000)
Ⅱ　売上原価		
1．期首商品棚卸高	(25,000)	
2．当期商品仕入高	(240,000)	
合計	(265,000)	
3．期末商品棚卸高	(30,000)	(235,000)
売上総利益		(65,000)
Ⅲ　販売費及び一般管理費		
1．販売費	(10,200)	
2．一般管理費	(15,000)	
3．貸倒引当金繰入	(1,580)	
4．減価償却費	(5,550)	(32,330)
営業利益		(32,670)
Ⅳ　営業外収益		
1．受取利息		(800)
Ⅴ　営業外費用		
1．支払利息		(1,800)
税引前当期純利益		(31,670)
法人税等		(9,501)
当期純利益		(22,169)

貸借対照表

×2年3月31日現在　(単位：円)

現金		(80,000)	支払手形	(40,000)
当座預金		(124,000)	買掛金	(30,000)
受取手形	(60,000)		借入金	(40,000)
貸倒引当金	(1,200)		未払法人税等	(9,501)
売掛金	(39,000)		未払利息	(100)
貸倒引当金	(780)	(97,020)	前受利息	(200)
商品		(30,000)	資本金	(200,000)
前払販売費		(200)	利益準備金	(20,000)
未収利息		(100)	繰越利益剰余金	(73,769)
貸付金		(20,000)		
建物	(60,000)			
減価償却累計額	(9,000)	(51,000)		
備品	(20,000)			
減価償却累計額	(8,750)	(11,250)		
		(413,570)		(413,570)

解答への道

〔問１〕再振替仕訳

前期末の決算整理で計上された経過勘定項目を，当期首に元の勘定へ振り替える。関係する各勘定の記入は，次のようになる（仕訳は解答参照）。

前払販売費

前期繰越	400	期首前払	400

販売費

期首前払	400		

未収利息

前期繰越	200	期首未収	200

受取利息

期首未収	200	期首前受	100

前受利息

期首前受	100	前期繰越	100

支払利息

		期首未払	300

未払利息

期首未払	300	前期繰越	300

〔問２〕決算整理前残高試算表

期中取引の仕訳を集計し，決算整理前残高試算表を作成する。

1．期中取引

（単位：円）

	借方科目	金額	貸方科目	金額
(1)	(現金)	30,000	(売上)	100,000
	(売掛金)	70,000		
(2)	(仕入)	60,000	(現金)	20,000
			(買掛金)	40,000
(3)	(受取手形)	150,000	(売上)	200,000
	(売掛金)	50,000		
(4)	(仕入)	180,000	(支払手形)	100,000
			(買掛金)	80,000
(5)	(現金)	110,000	(売掛金)	110,000
	(当座預金)	130,000	(受取手形)	130,000
(6)	(買掛金)	100,000	(現金)	100,000
	(支払手形)	80,000	(当座預金)	80,000
(7)	(貸倒引当金)	1,000	(売掛金)	1,000
(8)	(販売費)	10,000	(当座預金)	27,000
	(一般管理費)	15,000		
	(支払利息)	2,000		
(9)	(当座預金)	1,000	(受取利息)	1,000
(10)	(未払法人税等)	10,000	(現金)	10,000

2．各勘定の記入（一部省略）

現金

前期繰越	70,000	(2)仕入	20,000
(1)売上	30,000	(6)買掛金	100,000
(5)売掛金	110,000	(10)未払法人税等	10,000
		前T/B	80,000

受取手形

前期繰越	40,000	(5)当座預金	130,000
(3)売上	150,000	前T/B	60,000

仕入

(2)諸口	60,000	前T/B	240,000
(4)諸口	180,000		

一般管理費

(8)当座預金	15,000	前T/B	15,000

支払手形

(6)当座預金	80,000	前期繰越	20,000
前T/B	40,000	(4)仕入	100,000

貸倒引当金

(7)売掛金	1,000	前期繰越	1,400
前T/B	400		

受取利息

期首未収	200	期首前受	100
前T/B	900	(9)当座預金	1,000

当座預金

前期繰越	100,000	(6)支払手形	80,000
(5)受取手形	130,000	(8)諸口	27,000
(9)受取利息	1,000	前T/B	124,000

売掛金

前期繰越	30,000	(5)現金	110,000
(1)売上	70,000	(7)貸倒引当金	1,000
(3)売上	50,000	前T/B	39,000

販売費

期首前払	400	前T/B	10,400
(8)当座預金	10,000		

支払利息

(8)当座預金	2,000	期首未払	300
		前T/B	1,700

買掛金

(6)現金	100,000	前期繰越	10,000
前T/B	30,000	(2)仕入	40,000
		(4)仕入	80,000

売上

前T/B	300,000	(1)諸口	100,000
		(3)諸口	200,000

〔問3，問4〕決算整理仕訳および決算整理後残高試算表

決算整理仕訳を行い，決算整理後残高試算表を作成する。

(1) 売上原価の計算

（単位：円）

借方	金額	貸方	金額
（仕　　　入）	25,000	（繰越商品）	25,000
（繰越商品）	30,000	（仕　　　入）	30,000

繰越商品

借方		貸方	
前期繰越 前T/B	25,000	期首商品	25,000
期末商品	30,000	後T/B	30,000

仕入

借方		貸方	
当期仕入 前T/B	240,000	期末商品	30,000
期首商品	25,000	後T/B	235,000 売上原価

(2) 貸倒引当金の設定（差額補充法）

（単位：円）

借方	金額	貸方	金額
（貸倒引当金繰入）(＊)	1,580	（貸倒引当金）	1,580

(＊) 60,000円〈受取手形〉× 2 % = 1,200円
39,000円〈売掛金〉× 2 % = 780円
1,200円 +780円 = 1,980円〈設定額〉
1,980円〈設定額〉− 400円〈前T/B〉= 1,580円〈繰入額〉

貸倒引当金

借方		貸方	
後T/B	1,980	前T/B	400
		当期繰入	1,580

貸倒引当金繰入

借方		貸方	
当期繰入	1,580	後T/B	1,580

(3) 減価償却費の計上

（単位：円）

借方	金額	貸方	金額
（減価償却費）	5,550	（建物減価償却累計額）(＊1)	1,800
		（備品減価償却累計額）(＊2)	3,750

(＊1) 60,000円 × 0.9 ÷ 30年 = 1,800円
(＊2) (20,000円 − 5,000円) × 25% = 3,750円

建物減価償却累計額

借方		貸方	
後T/B	9,000	前T/B	7,200
		当期償却	1,800

減価償却費

借方		貸方	
当期償却	5,550	後T/B	5,550

備品減価償却累計額

借方		貸方	
後T/B	8,750	前T/B	5,000
		当期償却	3,750

(4) 経過勘定項目の整理

（単位：円）

借方	金額	貸方	金額
（前払販売費）	200	（販　売　費）	200
（支払利息）	100	（未払利息）	100
（未収利息）	100	（受取利息）	100
（受取利息）	200	（前受利息）	200

販売費

借方		貸方	
前T/B	10,400	期末前払	200
		後T/B	10,200

前払販売費

借方		貸方	
期末前払	200	後T/B	200

未払利息

借方		貸方	
後T/B	100	期末未払	100

支払利息

借方		貸方	
前T/B	1,700	後T/B	1,800
期末未払	100		

受取利息

借方		貸方	
期末前受	200	前T/B	900
後T/B	800	期末未収	100

未収利息

借方		貸方	
期末未収	100	後T/B	100

前受利息

借方		貸方	
後T/B	200	期末前受	200

(5) 法人税等の計上

（単位：円）

借方	金額	貸方	金額
（法人税等）(＊)	9,501	（未払法人税等）	9,501

(＊) 31,670円〈課税所得〉× 30% = 9,501円〈法人税等〉

（注1）本来，帳簿上の利益は，〔問5〕の決算振替仕訳を行うことにより，損益勘定の貸借差額で計算されるものであるが，法人税等を計上する場合には，決算振替を行う前に，決算整理後の収益と費用の差額で税引前当期純利益を計算しておく必要がある。

（注2）帳簿上の利益は，〔問5〕の決算振替仕訳を行うことにより，損益勘定の貸借差額で計算され，その後，損益勘定から繰越利益剰余金勘定に振り替えられる。したがって，決算振替仕訳を行う前の決算整理後残高試算表の繰越利益剰余金には，当期純利益が計上される前の51,600円〈決算整理前残高試算表の金額〉がそのまま記載される。

〔問5，問6〕決算振替仕訳と損益勘定および繰越利益剰余金勘定の記入と繰越試算表

1．収益および費用の振替え

決算整理後の収益および費用（法人税等含む）を損益勘定に振り替えることにより，損益勘定の貸借差額で当期純利益を計算する。

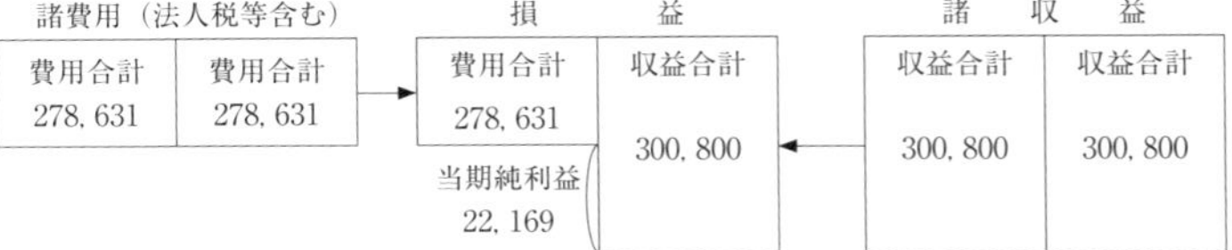

2．利益の振替え

損益勘定で計算された当期純利益を繰越利益剰余金勘定へ振り替える。

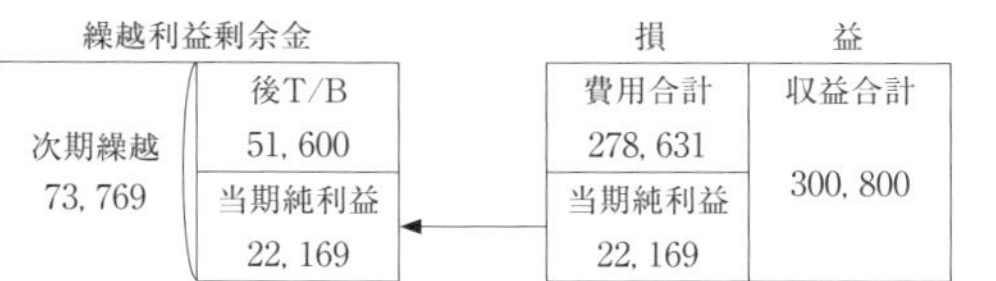

3．繰越試算表の作成

英米式決算法では，資産・負債・純資産（資本）の各勘定残高は，そのまま次期に繰り越されるが，勘定の記入が正確に行われていることを確認するために繰越試算表を作成する。資産・負債・純資産（資本）の各勘定の金額は，決算整理後残高試算表上の金額と同額であるが，繰越利益剰余金勘定だけは，決算振替仕訳により当期純利益を加算しているので，異なることになる。

〔問７〕損益計算書および貸借対照表

損益計算書および貸借対照表は，繰越試算表および損益勘定の記入にもとづいて作成されるが，以下の相違点に注意してほしい。

① 帳簿上は，仕入勘定で売上原価を計算した後に損益勘定に振り替えているため，損益勘定の仕入には，売上原価235,000円が記入されるが，損益計算書の売上原価は，期首商品棚卸高に当期商品仕入高を加算し，期末商品棚卸高を控除する形式で表示する。

② 貸倒引当金および減価償却累計額は，原則として資産の勘定から控除する形式で表示する。

問題1-2

損益計算書

自×1年4月1日　至×2年3月31日　（単位：円）

Ⅰ　売上高		（380,000）
Ⅱ　売上原価		
1．期首商品棚卸高	（22,000）	
2．当期商品仕入高	（270,000）	
合計	（292,000）	
3．期末商品棚卸高	（25,000）	（267,000）
売上総利益		（113,000）
Ⅲ　販売費及び一般管理費		
1．販売費	（14,000）	
2．一般管理費	（18,000）	
3．貸倒引当金繰入	（1,600）	
4．減価償却費	（12,620）	（46,220）
営業利益		（66,780）
Ⅳ　営業外収益		
1．受取利息		（1,350）
Ⅴ　営業外費用		
1．支払利息		（2,000）
税引前当期純利益		（66,130）
法人税等		（19,839）
当期純利益		（46,291）

貸借対照表

×2年3月31日現在　（単位：円）

現金		（63,000）	支払手形	（63,300）
当座預金		（93,000）	買掛金	（63,000）
受取手形	（98,000）		短期借入金	（40,000）
貸倒引当金	（1,960）	（96,040）	未払法人税等	（9,839）
売掛金	（82,000）		未払消費税	（8,000）
貸倒引当金	（1,640）	（80,360）	未払販売費	（2,000）
商品		（25,000）	前受金	（10,000）
前払金		（15,000）	前受利息	（1,200）
未収利息		（750）	資本金	（200,000）
短期貸付金		（45,000）	利益準備金	（16,000）
建物	（150,000）		繰越利益剰余金	（85,291）
減価償却累計額	（90,000）	（60,000）		
備品	（40,000）			
減価償却累計額	（19,520）	（20,480）		
		（498,630）		（498,630）

解答への道

1．決算整理仕訳

(1) 売上原価の計算

（単位：円）

（仕入）	22,000	（繰越商品）	22,000
（繰越商品）	25,000	（仕入）	25,000

繰越商品

前期繰越 前T/B 22,000	期首商品 22,000
期末商品 25,000	B/S商品 25,000

仕入

当期仕入 前T/B 270,000	期末商品 25,000
期首商品 22,000	P/L売上原価 267,000

(2) 貸倒引当金の設定（差額補充法）

（単位：円）

（貸倒引当金繰入）(＊)	1,600	（貸倒引当金）	1,600

(＊) 98,000円〈受取手形〉× 2％＝1,960円
82,000円〈売掛金〉× 2％＝1,640円
1,960円＋1,640円＝3,600円〈設定額〉
3,600円〈設定額〉－2,000円〈前T/B〉＝1,600円〈繰入額〉

貸倒引当金

B/S 3,600	前T/B 2,000
	当期繰入 1,600

貸倒引当金繰入

当期繰入 1,600	P/L 1,600

(3) 減価償却費の計上

(単位：円)

借方	金額	貸方	金額
(減価償却費)	12,620	(建物減価償却累計額)(＊1)	7,500
		(備品減価償却累計額)(＊2)	5,120

(＊1) 150,000円÷20年＝7,500円
(＊2) (40,000円－14,400円)×20%＝5,120円

建物減価償却累計額

B/S	90,000	前T/B	82,500
		当期償却	7,500

備品減価償却累計額

B/S	19,520	前T/B	14,400
		当期償却	5,120

減価償却費

当期償却	12,620	P/L	12,620

(4) 受取利息の未収

短期貸付金25,000円に対する利息1,500円（＝25,000円×6％）を×2年9月30日に受け取ることができるが，この利息1,500円は×1年10月1日から×2年9月30日までの1年間（12か月間）に対応する収益であるから，経過した×1年10月1日から×2年3月31日までの6か月分を見越計上する。

(単位：円)

借方	金額	貸方	金額
(未収利息)(＊)	750	(受取利息)	750

(＊) 25,000円×6%＝1,500円
$1,500円\times\frac{6か月}{12か月}=750円$

受取利息

		前T/B	1,800
		期末未収	750

未収利息

期末未収	750	B/S	750

(5) 受取利息の前受け

受取利息のうち1,800円は，×1年12月1日から×2年11月30日までの1年間（12か月間）に対応する収益であるから，未経過の×2年4月1日から×2年11月30日までの8か月分を繰り延べる。

(単位：円)

借方	金額	貸方	金額
(受取利息)(＊)	1,200	(前受利息)	1,200

(＊) $1,800円\times\frac{8か月}{12か月}=1,200円$

受取利息

期末前受	1,200	前T/B	1,800
P/L	1,350		
		期末未収	750

未収利息

期末未収	750	B/S	750

前受利息

B/S	1,200	期末前受	1,200

(6) 販売費の未払い

販売費について，経過期間分の未払額2,000円を見越計上する。

(単位：円)

借方	金額	貸方	金額
(販売費)	2,000	(未払販売費)	2,000

販売費

前T/B	12,000	P/L	14,000
期末未払	2,000		

未払販売費

B/S	2,000	期末未払	2,000

(7) 未払消費税の計上

仮受消費税と仮払消費税を相殺し，差額を未払消費税として計上する。

(単位：円)

借方	金額	貸方	金額
(仮受消費税)	38,000	(仮払消費税)	30,000
		(未払消費税)(＊)	8,000

(＊) 38,000円〈仮受消費税〉－30,000円〈仮払消費税〉＝8,000円〈未払消費税(納付額)〉

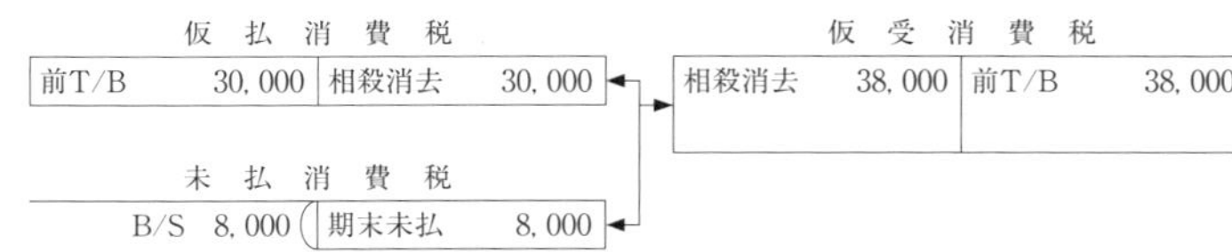

(8) 法人税等の計上

(単位：円)

借方	金額	貸方	金額
(法人税等)(＊1)	19,839	(仮払法人税等)	10,000
		(未払法人税等)(＊2)	9,839

(＊1) 66,130円〈課税所得〉×30%＝19,839円〈法人税等〉
(＊2) 19,839円〈法人税等〉－10,000円〈仮払法人税等〉＝9,839円〈未払法人税等〉

(9) 当期純利益の振替え

(単位：円)

借方	金額	貸方	金額
(損益)(＊)	46,291	(繰越利益剰余金)	46,291

(＊) P/L当期純利益

繰越利益剰余金

B/S	85,291	前T/B	39,000
		当期純利益	46,291

損益

借方合計	335,039	貸方合計	381,350
当期純利益	46,291		

問題1-3

決算整理後残高試算表

×2年3月31日　(単位：円)

借方科目	金額	貸方科目	金額
前払保険料	(12,000)	借入金	(100,000)
退職給付費用	(121,000)	未払利息	(2,000)
減価償却費	(242,000)	退職給付引当金	(221,000)
支払保険料	(24,000)	減価償却累計額	(382,000)
支払利息	(2,000)		

解答への道

1．退職給付費用（3月分および差額の計上）

(単位：円)

(退職給付費用)(＊1)	10,000	(退職給付引当金)	10,000
(退職給付費用)(＊2)	1,000	(退職給付引当金)	1,000

(＊1) 120,000円÷12か月＝10,000円〈3月分〉
(＊2) 121,000円〈実際〉－120,000円〈見積〉＝1,000円〈不足額〉

2．減価償却費（3月分および差額の計上）

(単位：円)

(減価償却費)(＊1)	20,000	(減価償却累計額)	20,000
(減価償却費)(＊2)	2,000	(減価償却累計額)	2,000

(＊1) 240,000円÷12か月＝20,000円〈3月分〉
(＊2) 242,000円〈実際〉－240,000円〈見積〉＝2,000円〈不足額〉

3．保険料（3月分の計上）

(単位：円)

(支払保険料)(＊)	3,000	(前払保険料)	3,000

(＊) 36,000円÷12か月＝3,000円〈3月分〉

4．利息（3月分の計上）

(単位：円)

(支払利息)(＊)	500	(未払利息)	500

(＊) 100,000円×6％÷12か月＝500円〈3月分〉
（100,000円×6％＝6,000円）

問題1-4

貸借対照表

×5年3月31日現在　(単位：円)

Ⅰ 流動資産	
現金預金	(100,000)
(前払費用)	(18,000)
短期貸付金	(50,000)
Ⅱ 固定資産	
⋮	
3．投資その他の資産	
(長期定期預金)	(50,000)
(長期貸付金)	(30,000)
(長期前払費用)	(6,000)

解答への道

1．決算整理仕訳

(1) 定期預金（一年基準で分類）

定期預金等の期日の定められた預金は，一年基準により分類される。

×4年 4/1 ←当期→ ×5年 3/31 決算日　×6年 3/31 決算日　×6年 6/30 満期日
（×5年3/31〜×6年6/30：1年超）
⇩
長期定期預金（投資その他の資産）

(単位：円)

(長期定期預金)	50,000	(現金預金)	50,000

∴ B/S現金預金（流動資産）：150,000円－50,000円＝100,000円
B/S長期定期預金（投資その他の資産）：50,000円

(2) 貸付金（一年基準で分類）

貸付金は，回収までの期間で一年基準により分類される。

×4年 4/1 ← 当 期 → ×5年 3/31　×6年 1/31　×6年 3/31　×6年 9/30

決算日　期日　期日

50,000　1年以内　30,000　1年超

短期貸付金(流動資産)　長期貸付金(投資その他の資産)

（単位：円）

（短　期　貸　付　金）	50,000	（貸　　付　　金）	50,000
（長　期　貸　付　金）	30,000	（貸　　付　　金）	30,000

∴ B/S短期貸付金（流動資産）：50,000円

B/S長期貸付金（投資その他の資産）：30,000円

(3) 前払保険料（一年基準で分類）

前払保険料は，費用化されるまでの期間で一年基準により分類される。

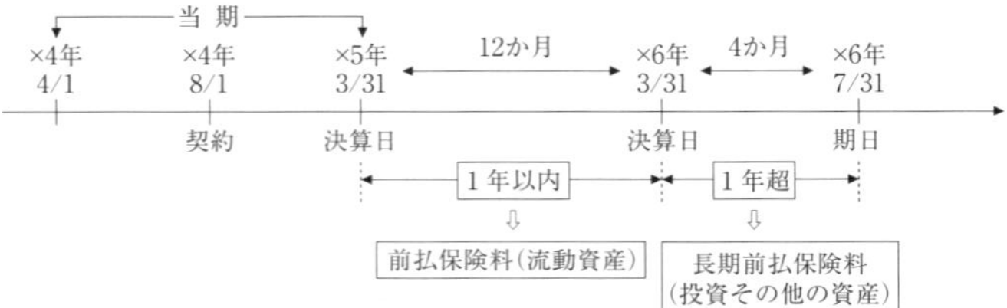

（単位：円）

（前　払　保　険　料）(＊1)	18,000	（一　般　管　理　費）	24,000
（長 期 前 払 保 険 料）(＊2)	6,000		

(＊1) $36,000円 \times \frac{12か月}{24か月} = 18,000円$

(＊2) $36,000円 \times \frac{4か月}{24か月} = 6,000円$

∴ B/S前払費用（流動資産）：18,000円

B/S長期前払費用（投資その他の資産）：6,000円

問題1-5

	○または×	理　　由
1	×	真実性の原則における「真実」とは，絶対的真実性ではなく相対的真実性を意味する。
2	○	
3	○	

解答への道

1．わが国の企業会計原則は，証券取引法（現　金融商品取引法）を根拠法として昭和24年（1949年）にはじめてその制度的基礎を確立した。当時の会計制度は大陸型（法規範の性格が強い）というよりはむしろ，英米型（道徳規範・慣習規範の性格が強い）の影響を強く受けており，その後，幾多の改正により大陸型に近づいたといわれる。旧ドイツ商法における「真実」は絶対的真実性といわれるが，現行の企業会計原則の真実性の原則における「真実」とは，絶対的真実性ではなく相対的真実性を意味する（内容は，2参照）。

2．真実性の原則における「真実」とは，絶対的真実性（財務諸表の数値がただ一つに決まること）を意味するのではなく，相対的真実性を意味している。相対的真実性とは，複数の会計処理の方法が認められている場合に，作成された財務諸表の数値が異なることもあるが，一般に認められた方法にしたがって作成された財務諸表はどれも真実であるとすることをいう。

3．「正確な会計帳簿」の3要件の1つである網羅性は，会計帳簿に記録すべき事実はすべて正しく記録することを要求している。しかし，重要性の原則によれば，「……，重要性の乏しいものについては，本来の厳密な会計処理によらないで他の簡便な方法によることも……認められる。」と規定しているため，利害関係者の意思決定に影響を及ぼさない事項で重要性の原則が認められる場合には，簡便な会計処理，すなわち網羅性について一部例外を認めているといえる。

問題1-6

	○または×	理　　　由
1	×	正規の簿記の原則は，正確な会計帳簿の作成とそれにもとづく財務諸表の作成を要請する原則であるので，費用収益の認識・測定とは直接関係がない。
2	○	
3	×	重要性の原則の適用により，重要性の乏しい場合には本来の明瞭な表示によらないで他の簡便な表示によることも認められる。

解答への道

1．正規の簿記の原則は，会計行為でいうところの「記録」に関する原則であり，「認識」「測定」とは直接関係がない。

2．資本剰余金と利益剰余金とを明確に区別して表示することにより，企業の財政状態・経営成績の適正な開示が可能となる。

3．明瞭性の原則は，財務諸表による会計情報の適正開示と明瞭表示を要請している。

ここで，会計情報の適正開示といっても，企業の機密事項まで一切開示することを要求しているわけではない（ハーフ・ディスクロージャーの原則）。

また，明瞭性の原則は詳細性とともに概観性が要求されており，会計情報の内容を細大もらさず開示し表示することによって利害関係者をかえって混乱させてしまうおそれがある場合には，概観性が優先することになる（ただし，重要性の原則の適用を受けるものに限る）。

その他，重要性の乏しいものについても，簡便な表示によることができる。

※　明瞭性の区別（ハーフ・ディスクロージャーの原則）
- 概観性…… 損益計算書・貸借対照表（注）
- 詳細性…… 注記・附属明細書等

（注）損益計算書・貸借対照表については，明瞭表示が当然要求されるが，同時に概観性も要求される。

問題1-7

	○または×	理　　　由
1	○	
2	○	
3	×	重要な後発事象は，その発生以前の会計上の判断ないし見積りを修正する必要がある場合を除き，補足情報として財務諸表に注記される。

解答への道

1．「企業会計原則」では，一つの会計事実について二つ以上の会計処理が認められている場合に，いずれの会計方針を採用するかによって財務諸表上の金額が変わってくるため，会計方針の継続性と注記が要求される。ただし，代替的な会計基準が認められていない場合には，このような問題が発生しないため注記の省略ができる。

2．～3．

後発事象は貸借対照表日後に発生した会社の財政状態および経営成績に影響を及ぼす会計事象をいうが，以下の２つに分類される。

修正後発事象→その事象の発生原因が決算日現在においてすでに存在している場合

↓

当期の財務諸表を修正する。（本問２）

開示後発事象→発生した事象が翌期以降の財務諸表に影響を及ぼす場合

↓

財務諸表に注記または注記表に記載する。（本問３）

なお，「企業会計原則」が規定しているのは，開示後発事象についてである。

問題1-8

	○または×	理　　　由
1	○	
2	×	正当な理由がある場合のみ，適正な処理から適正な処理へ変更することができる。
3	○	

解答への道

1．企業会計上，一つの会計事実について二つ以上の会計処理の原則または手続きの選択適用が認められている場合には，いずれの会計方針を採用するかによって財務諸表上の金額が異なってくるため，経営者の恣意的な利益操作を排除し，財務諸表の期間比較性を確保するために，会計方針の継続性が要求される。

2．継続性の変更は，正当な理由がある場合のみ認められる。ここに正当な理由とは，一つの会計事実について，二つ以上の会計処理の原則または手続きの選択適用が認められているとき，適正な処理から適正な処理へ変更することにより，企業会計がより合理的なものになる場合を意味する。

3．保守主義の原則は，採用された会計処理が一般に公正妥当と認められた会計処理の原則および手続きの枠内であるかぎり，すなわち発生主義会計の枠組みの中で適正な期間損益計算が行われているかぎり，真実性の原則に反するものではない。

問題1-9

	○または×	理　　　由
1	×	提出目的が異なることにより，財務諸表の計算の内容が異なり利益の金額が異なっても，事実の真実な表示をゆがめないかぎり認められる。
2	○	
3	×	現行の企業会計原則における損益計算書は，期間外損益も記載することから，形式的には包括主義の立場を採用している。

解答への道

1．単一性の原則は，実質一元・形式多元を認めたものであるといわれ，多様な提出目的に即した財務諸表の形式を認めている。したがって，提出目的が異なれば計算される利益の金額も異なることもありうる。

2．損益計算書では，一会計期間にどれだけ利益が得られたかを表示すること（期間利益の計算）が目的である。

3．当期業績主義……財務諸表の期間比較を確保するために，毎期経常的に発生する収益・費用のみで損益計算を行う。

包　括　主　義……企業活動を行ううえで，臨時損益・前期損益修正項目は不可避的に発生するものなので，これらも含めて損益計算を行う。

現行の企業会計原則における損益計算書は，期間外損益も記載することから，形式的には包括主義の立場を採用しているといわれている。しかし，実質的には当期業績主義を配慮しつつ（経常利益の表示を要請している），最終的には，当期純利益の表示をも要請していることから包括主義以上といわれることもある。

問題1-10

	○または×	理　　　由
1	○	
2	×	現在（当期）の現金収支額だけではなく，過去および将来の現金収支額も含む。
3	×	前受収益は，対価が時間の経過とともに次期以降の収益となる継続的な役務提供契約について計上される。本問の対価は，前受金に該当する。
4	×	未払費用は，対価が時間の経過とともに当期の費用となる継続的な役務提供契約について計上される。本問の対価は，買掛金に該当する。

解答への道

1．継続企業を前提とする今日においては，企業活動を一定期間に区切って損益計算を行う。これを期間損益計算というが，その計算方法は経済社会の発展にともない変化してきている。

・現金主義会計：現金収入－現金支出＝期間損益

・半発生主義会計：［現金収入／収入の権利の発生（売掛金等）］－［現金支出／支出の義務の発生（買掛金等）］＝期間損益

・発生主義会計：収益－費用＝期間損益

費用収益対応の原則にもとづき，実現収益と発生費用を対応させることにより，期間損益を決定する（本問）。なお，収益の認識原則である発生主義・実現主義・現金主義の原則と混同しないように！

2．収支主義（収支額基準）
- 収入額基準……収益の額を現金収入額にもとづいて測定する
- 支出額基準……費用の額を現金支出額にもとづいて測定する

ここでいう現金収入額・現金支出額は，当期だけのものではなく，過去・将来の現金収入額・現金支出額を含む広義の現金収入額・現金支出額を意味する。

3．～4．

前払費用・前受収益・未払費用・未収収益は，対価が時間の経過とともに
- 次期以降の → 費用／収益
- 当期の → 費用／収益

となる 継続的な役務提供契約 について計上される。

「一定の契約」	「継続して」	「役務の提供」	［結　　論］
○	－	固定資産の購入	⇒ 前払金（または建設仮勘定）に該当する
○	○	商品の納入	⇒ 前受金に該当する（本問３）
○	○	商品の購入	⇒ 買掛金に該当する（本問４）
○	○	○	⇒ 未収収益に該当する当期の収益（時間基準）

「役務の提供」ではなく財貨の提供の場合，経過勘定ではなく以下の勘定科目を使用する。

	財貨の提供	勘定科目	
前払	商品・有価証券・固定資産等の購入	前払金	
前受	商品・有価証券・固定資産等の納入	前受金	← 本問３
未払	商品の購入	買掛金	← 本問４
	有価証券・固定資産等の購入	未払金	
未収	商品の納入	売掛金	
	有価証券・固定資産等の納入	未収入金	

問題1-11

	○または×	理　由
1	○	
2	×	正規の簿記の原則にしたがって処理された場合に生じた簿外資産および簿外負債は，貸借対照表の記載外におくことができる。
3	○	

解答への道

1．費用収益の対応表示は損益計算書の明瞭性を確保するためであるが，対応関係は，次のように分類できる。

① 実質的対応関係（因果関係）

個別的対応…売上高と売上原価との関係にみられるように，棚卸資産を媒体として対応関係にあるもの

期間的対応…売上高と販売費及び一般管理費との関係にみられるように，期間を媒体として対応関係にあるもの

② 取引の同質性

営業外収益と営業外費用，特別利益と特別損失との関係にみられるように，実質的対応関係はなく，取引の同質性に着目する対応関係

2．貸借対照表は，貸借対照表日におけるすべての資産，負債及び純資産（資本）を記載するものでなければならないが，重要性の乏しい簿外資産・簿外負債は貸借対照表の記載外におくことができる。ただし，架空資産・架空負債は，真実な財政状態の表示に反するため認められない。

3．架空資産・架空負債は虚偽の報告を行うことになるので，真実性の原則に反し認められない。これに対して，重要性の乏しい簿外資産・簿外負債が存在したとしても，正規の簿記の原則にしたがった処理として認められる。

問題1-12

	○または×	理　　　由
1	○	
2	○	
3	×	更生債権のうち，1年以内に回収されないことが明らかなものだけを流動資産の区分から除外する。

解答への道

1．消耗品について，原則として消費したとき（発生段階）に費用を認識するが，重要性の原則が適用されると消耗品の買入時または払出時に費用として処理することが認められる。

2．受取手形・売掛金・前払金等 ── 正常営業循環基準 → 流動資産
　　支払手形・買掛金・前受金等 ── 正常営業循環基準 → 流動負債

3．当該企業の主目的たる営業取引により発生した債権および債務
　　└─破産債権・更生債権およびこれに準ずる債権 ── 一年基準 → 流動資産または投資その他の資産

問題1-13

	○または×	理　　　由
1	×	重要性が乏しければ，分割返済の定めのある長期の債務のうち，期限が1年以内に到来するものも，固定負債として表示することができる。
2	×	売掛金，受取手形等の企業の主目的たる営業取引により発生した債権については，正常営業循環基準により流動資産に属する項目となる。
3	×	不動産業を営む企業が保有する場合には，流動資産に含められ，一般の事業会社が保有する場合には，投資その他の資産に含められる。

解答への道

2．流動資産・固定資産の区分は，まず，正常営業循環基準や科目の性質等により決定され，それ以外のものは，一年基準により流動資産・固定資産に区分される。具体的には，以下のように区分される。

売掛金・受取手形 ── 正常営業循環基準 → 流動資産
棚卸資産 ── 正常営業循環基準 → 流動資産
恒常在庫品・余剰品である棚卸資産 ── 正常営業循環基準 → 流動資産
長期利用目的資産 ── 科目の性質 → 固定資産
残存耐用年数が1年以下の固定資産 ── 科目の性質 → 固定資産
預金・貸付金 ── 一年基準 → 流動資産または固定資産

3．固定資産は企業がその営業目的を達成するために所有しており，加工や売却を予定していない資産を指すため，本問のように転売を目的としている場合は，有形固定資産には含まれない。これらのことから，一般事業会社では，投資その他の資産に含められる。

また，不動産会社が販売目的に不動産を取得している場合は，棚卸資産に該当し，流動資産に含められる。

問題1-14

1．資産とは，過去の取引または事象の結果として，報告主体が支配している 経済的資源 をいう。
2．負債とは，過去の取引または事象の結果として，報告主体が支配している 経済的資源 を放棄もしくは引き渡す 義務 ，またはその同等物をいう。
3．純資産とは，資産と負債の 差額 をいう。
4．収益とは，純利益を 増加 させる項目であり，特定期間の期末までに生じた資産の増加や負債の減少に見合う額のうち， 投資のリスク から解放された部分である。
5．費用とは，純利益を 減少 させる項目であり，特定期間の期末までに生じた資産の減少や負債の増加に見合う額のうち， 投資のリスク から解放された部分である。

問題1-15

	○または×	理　　由
1	○	
2	×	会計上の見積りの変更が，将来の期間にも影響する場合には，将来にわたり，会計処理を行う。
3	×	有形固定資産等の減価償却方法および無形固定資産の償却方法は，会計方針に該当するが，その変更については，会計上の見積りの変更として扱う。

解答への道

会計上の変更および誤謬の訂正があった場合の原則的な取扱いは，次のとおりである。

		原則的な取扱い	
会計上の変更	会計方針の変更	遡及処理する	遡及適用
	表示方法の変更		財務諸表の組替え
	会計上の見積りの変更	遡及処理しない	当期または当期以後の財務諸表に反映させる
過去の誤謬の訂正		遡及処理する	修正再表示

問題1-16

〔問１〕

損益計算書（一部）　（単位：千円）

	×3年度 （×3年４月１日～×4年３月31日）		×4年度 （×4年４月１日～×5年３月31日）	
売上高		（ 142,000 ）		160,000
売上原価				
期首商品棚卸高	（ 31,300 ）		（ 30,700 ）	
当期商品仕入高	（ 80,200 ）		（ 91,000 ）	
合計	（ 111,500 ）		（ 121,700 ）	
期末商品棚卸高	（ 30,700 ）	（ 80,800 ）	（ 21,700 ）	（ 100,000 ）
売上総利益		（ 61,200 ）		（ 60,000 ）

〔問２〕

×3年度期首における会計方針の変更による累積的影響額	800 千円
×3年度における遡及処理後の当期純損益	14,800 千円

解答への道

〔問１〕×4年度における損益計算書の作成

棚卸資産の評価方法の変更は，会計方針の変更にあたるため，×3年度の財務諸表についても先入先出法を遡及適用する。

〔問２〕×3年度における株主資本等変動計算書の金額

1．×3年度期首における会計方針の変更による累積的影響額

31,300千円〈先入先出法による期首商品〉－30,500千円〈総平均法による期首商品〉
＝800千円〈資産の増加＝利益の増加〉

2．×3年度における遡及処理後の当期純損益

80,800千円〈先入先出法による売上原価〉－82,000千円〈総平均法による売上原価〉
＝△1,200千円〈費用の減少＝利益の増加〉
∴ ×3年度における遡及処理後の当期純損益：13,600千円〈遡及処理前の当期純利益〉＋1,200千円
＝14,800千円

問題1-17

利益剰余金当期首残高への影響額（増加または減少）※「増加」に丸印	700	千円
当期の売上原価の金額	133,500	千円
従来の方法に比べて税引前当期純利益への影響額（増加または減少）※「減少」に丸印	100	千円

解答への道

棚卸資産の評価方法の変更は，会計方針の変更にあたるため，前期以前の財務諸表についても先入先出法を遡及適用する。

	変更前～総平均法	変更後～先入先出法
期首商品棚卸高	@415千円 × 20個 = 8, 300千円	@450千円 × 20個 = 9, 000千円
当期商品仕入高		
第１回仕入	@450千円 × 50個 = 22, 500千円	@450千円 × 50個 = 22, 500千円
第２回仕入	@440千円 × 40個 = 17, 600千円	@440千円 × 40個 = 17, 600千円
第３回仕入	@460千円 × 60個 = 27, 600千円	@460千円 × 60個 = 27, 600千円
第４回仕入	@470千円 × 80個 = 37, 600千円	@470千円 × 80個 = 37, 600千円
第５回仕入	@480千円 × 70個 = 33, 600千円	@480千円 × 70個 = 33, 600千円
合　計	320個　147, 200千円	320個　147, 900千円
期末商品棚卸高	@460千円(＊1)×30個(＊2) = 13, 800千円	@480千円(＊3)×30個(＊2) = 14, 400千円
売上原価(差引)	133, 400千円	133, 500千円

(＊1) 147, 200千円〈原価合計〉÷320個〈数量合計〉= 460千円〈平均単価〉
(＊2) 320個〈数量合計〉－290個〈売上数量〉= 30個〈期末数量〉
(＊3) 第５回仕入数量70個 ＞ 期末数量30個

∴ 期末商品は，すべて第５回仕入価格@480千円で計算する。

1．利益剰余金当期首残高への影響額
9, 000千円〈変更後の期首商品〉－8, 300千円〈変更前の期首商品〉
＝700千円〈資産の増加＝利益の増加〉

2．当期の売上原価の金額
133, 500千円〈変更後の売上原価〉

3．従来の方法に比べて税引前当期純利益への影響額
133, 500千円〈変更後の売上原価〉－133, 400千円〈変更前の売上原価〉
＝100千円〈費用の増加＝利益の減少〉

Theme

02 商品売買の会計処理と原価率・利益率

問題2-1

(1) 決算整理後残高試算表（一部）

決算整理後残高試算表　（単位：円）

借方	金額	貸方	金額
商　　品	（　6, 000）	商品売買益	（　23, 000）

(2) 損益計算書（一部）および貸借対照表（一部）

損益計算書　（単位：円）

Ⅰ 売上高		（　69, 000）
Ⅱ 売上原価		
1．期首商品棚卸高	（　4, 000）	
2．当期商品仕入高	（　48, 000）	
合　計	（　52, 000）	
3．期末商品棚卸高	（　6, 000）	（　46, 000）
売上総利益		（　23, 000）

貸借対照表　（単位：円）

借方	金額	貸方	金額
商　　品	（　6, 000）		

解答への道

(1) 決算整理後残高試算表（一部）

総記法で記帳しているため，商品売買益を計算し，「商品」勘定から「商品売買益」勘定へ振り替える。

（単位：円）

（商　　品）(＊)	23, 000	（商品売買益）	23, 000

(＊) 6, 000円〈期末商品(原価)〉＋17, 000円〈前T/B商品の貸方残高〉＝23, 000円〈商品売買益〉

なお，勘定記入は次のとおりである。

商　　品

借方	金額	貸方	金額
期首商品	4, 000 原価	売上高	69, 000 売価
当期仕入	48, 000 原価	整理前T/B	17, 000
売買益	23, 000 利益	期末商品	6, 000 原価

商品売買益

借方	金額	貸方	金額
		売買益	23, 000 利益

（注）当期仕入および売上高の金額の計算は後述する。

(2) 損益計算書（一部）および貸借対照表（一部）

損益計算書においては，原則として，売上高から売上原価を控除して売上総利益を計算する形式で表示し，また，売上原価の内訳も表示しなければならない。したがって，原価ボックスを作成し，売上高および売上原価の内訳を推定する。

原価ボックス

借方	金額	貸方	金額
期首商品（＊1）	4,000	売上原価（＊5）	46,000
当期仕入（＊7）	48,000	期末商品（＊2）	6,000
		貸方残高（＊3）	17,000

売上高（＊6）　69,000

売上原価（＊5）	46,000
商品売買益（＊4）	23,000

（＊1）（資料2）1より
（＊2）（資料2）2より
（＊3）前T/B商品の貸方残高
（＊4）6,000円〈期末商品（原価）〉+17,000円〈前T/B商品の貸方残高〉=23,000円〈商品売買益〉
（＊5）23,000円〈商品売買益〉÷0.5〈値入率〉=46,000円〈売上原価〉
（＊6）46,000円〈売上原価〉+23,000〈商品売買益〉=69,000円〈売上高〉
（＊7）貸借差額

問題2-2

損益計算書
自×2年4月1日　至×3年3月31日　（単位：円）

Ⅰ 売上高		（ 440,000 ）
Ⅱ 売上原価		
1．期首商品棚卸高	（ 70,000 ）	
2．当期商品仕入高	（ 325,000 ）	
合計	（ 395,000 ）	
3．期末商品棚卸高	（ 80,000 ）	（ 315,000 ）
売上総利益		（ 125,000 ）
Ⅲ 販売費及び一般管理費		
1．販売費	（ 99,000 ）	
2．貸倒引当金繰入	（ 1,000 ）	（ 100,000 ）
営業利益		（ 25,000 ）

解答への道

1．売上高の推定

(1) 仕訳（売上，受取手形，売掛金，貸倒引当金）　（単位：円）

借方	金額	貸方	金額
（現金預金）	250,000	（受取手形）	250,000
（現金預金）	188,000	（売掛金）	188,000
（受取手形）	150,000	（売上）	150,000
（受取手形）	98,000	（売掛金）	98,000
（貸倒引当金）	2,000	（売掛金）	2,000
（売掛金）（＊）	290,000	（売上）	290,000

（＊）売掛金勘定の貸借差額

(2) 勘定記入

売上

借方	金額	貸方	金額
売上	440,000	受取手形	150,000
		売掛金	290,000

売掛金

借方	金額	貸方	金額
期首	47,000	現金預金	188,000
売上	290,000	受取手形	98,000
		貸倒引当金	2,000
		期末	49,000

受取手形

借方	金額	貸方	金額
期首	53,000	現金預金	250,000
売上	150,000	期末	51,000
売掛金	98,000		

2．仕入高の推定

(1) 仕訳（仕入，支払手形，買掛金）　（単位：円）

借方	金額	貸方	金額
（支払手形）	205,000	（現金預金）	205,000
（買掛金）	127,000	（現金預金）	127,000
（仕入）	148,000	（支払手形）	148,000
（買掛金）	63,000	（支払手形）	63,000
（買掛金）	3,000	（仕入）	3,000
（仕入）（＊）	180,000	（買掛金）	180,000

（＊）買掛金勘定の貸借差額

(2) 勘定記入

買掛金

借方	金額	貸方	金額
現金預金	127,000	期首	68,000
支払手形	63,000	仕入	180,000
割戻	3,000		
期末	55,000		

仕入

借方	金額	貸方	金額
支払手形	148,000	割戻	3,000
買掛金	180,000	仕入	325,000

支払手形

借方	金額	貸方	金額
現金預金	205,000	期首	72,000
期末	78,000	仕入	148,000
		買掛金	63,000

3．売上原価の計算

(1) 仕　訳

(単位：円)

借方	金額	貸方	金額
(仕　　　入)	70,000	(繰 越 商 品)	70,000
(繰 越 商 品)	80,000	(仕　　　入)	80,000

(2) 勘定記入

仕　　入

整 理 前	325,000	繰越商品	80,000
繰越商品	70,000	売上原価	315,000

4．貸倒引当金の計算

(1) 仕　訳

(単位：円)

借方	金額	貸方	金額
(貸倒引当金繰入)(＊)	1,000	(貸 倒 引 当 金)	1,000

(＊) (51,000円〈受取手形〉＋49,000円〈売掛金〉)×２％＝2,000円
2,000円－(3,000円〈期首残高〉－2,000円〈貸倒れ〉)＝1,000円

(2) 勘定記入

貸 倒 引 当 金

貸 倒 れ	2,000	期　　首	3,000
期　　末	2,000	繰　　入	1,000

5．販売費

(1) 仕　訳

(単位：円)

借方	金額	貸方	金額
(販　売　費)	10,000	(前 払 費 用)	10,000
(未 払 費 用)	18,000	(販　売　費)	18,000
(販　売　費)	93,000	(現 金 預 金)	93,000
(前 払 費 用)	8,000	(販　売　費)	8,000
(販　売　費)	22,000	(未 払 費 用)	22,000

(2) 勘定記入

販　売　費

期首前払	10,000	期首未払	18,000
現金預金	93,000	期末前払	8,000
期末未払	22,000	販 売 費	99,000

問題2-3

損益計算書　(単位：円)

Ⅰ 売　上　高		(125,000)
Ⅱ 売 上 原 価		
1．期首商品棚卸高	(6,000)	
2．当期商品仕入高	(72,000)	
合　計	(78,000)	
3．見本品費振替高	(1,000)	
4．期末商品棚卸高	(7,000)	(70,000)
売 上 総 利 益		(55,000)
Ⅲ 販売費及び一般管理費		
1．販売費・管理費	(28,000)	
2．見 本 品 費	(10,000)	(38,000)
営 業 利 益		(17,000)

解答への道

(1) 原価ボックス

原　　価

期首商品	6,000	売上原価 (貸借差額)	70,000
当期仕入高	72,000	見本品費振替高	1,000
		期末商品	(＊)7,000

(＊) 8,000円－1,000円＝7,000円

(2) 仕訳

(単位：円)

借方	金額	貸方	金額
(仕　　　入)	6,000	(繰 越 商 品)	6,000
(見 本 品 費)	1,000	(仕　　　入)	1,000
(繰 越 商 品)	7,000	(仕　　　入)	7,000

∴ P/L見本品費：9,000円〈T/B〉＋1,000円＝10,000円

問題2-4

損益計算書　（単位：円）

Ⅰ　売上高		（269,600）
Ⅱ　売上原価		
1．期首商品棚卸高	（80,000）	
2．当期商品仕入高	（222,200）	
合計	（302,200）	
3．期末商品棚卸高	（100,000）	（202,200）
売上総利益		（67,400）

解答への道

1．売上原価と期末商品の推定

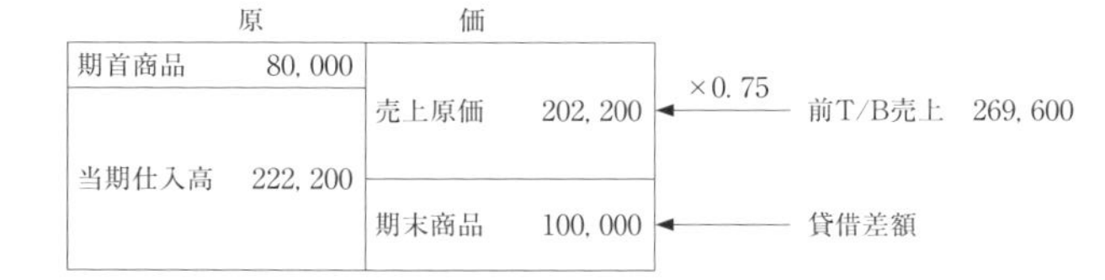

原価

期首商品	80,000	売上原価	202,200
当期仕入高	222,200	期末商品	100,000

売上原価 ← ×0.75 ― 前T/B売上　269,600
期末商品 ← 貸借差額

2．決算整理仕訳

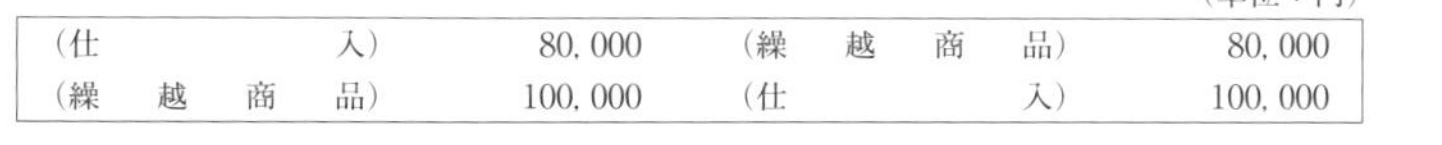

（単位：円）

（仕入）	80,000	（繰越商品）	80,000
（繰越商品）	100,000	（仕入）	100,000

この結果，繰越商品勘定および仕入勘定は次のようになる。

繰越商品

期首商品原価　80,000	期首商品原価　80,000
期末商品原価　100,000	

仕入

仕入高　222,200	期末商品原価　100,000
期首商品原価　80,000	売上原価（整理後T/B）202,200

問題2-5

損益計算書　（単位：円）

Ⅰ　売上高		（416,000）
Ⅱ　売上原価		
1．期首商品棚卸高	（50,000）	
2．当期商品仕入高	（350,000）	
合計	（400,000）	
3．期末商品棚卸高	（80,000）	（320,000）
売上総利益		（96,000）

解答への道

1．売上原価と期末商品の推定

原価

期首商品	50,000	売上原価	320,000
仕入高	350,000	期末商品	80,000

売上原価 ← ÷1.3 ― 前T/B売上　416,000
期末商品 ← 貸借差額

（＊）50,000円＋350,000円－320,000円＝80,000円

2．決算整理仕訳

（単位：円）

（仕入）	50,000	（繰越商品）	50,000
（繰越商品）	80,000	（仕入）	80,000

この結果，繰越商品勘定および仕入勘定は次のようになる。

繰越商品

期首商品原価　50,000	期首商品原価　50,000
期末商品原価　80,000	

仕入

仕入高　350,000	期末商品原価　80,000
期首商品原価　50,000	売上原価（整理後T/B）320,000

問題2-6

1．前受金受取時

（単位：円）

（現　　　金）	12,000	（前　受　金）	12,000

2．報酬（役務費用）支払時

（単位：円）

（仕　掛　品）	16,000	（現　　　金）	16,000

3．役務収益計上時

（単位：円）

（前　受　金）	12,000	（役　務　収　益）	20,000
（現　　　金）	8,000		
（役　務　原　価）	14,000	（仕　掛　品）	14,000

（注）前受金は契約負債でもよい。

Theme 03 棚卸資産

問題3-1

損益計算書　（単位：円）

Ⅰ　売　上　高		（2,340,000）
Ⅱ　売　上　原　価		
1．期首商品棚卸高	（　500,000）	
2．当期商品仕入高	（1,800,000）	
合　計	（2,300,000）	
3．期末商品棚卸高	（　400,000）	
差　引	（1,900,000）	
4．（商品評価損）	（　23,500）	（1,923,500）
売上総利益		（　416,500）
Ⅲ　販売費及び一般管理費		
1．（棚卸減耗損）		（　8,000）
営業利益		（　408,500）

解答への道

1．期末商品の評価

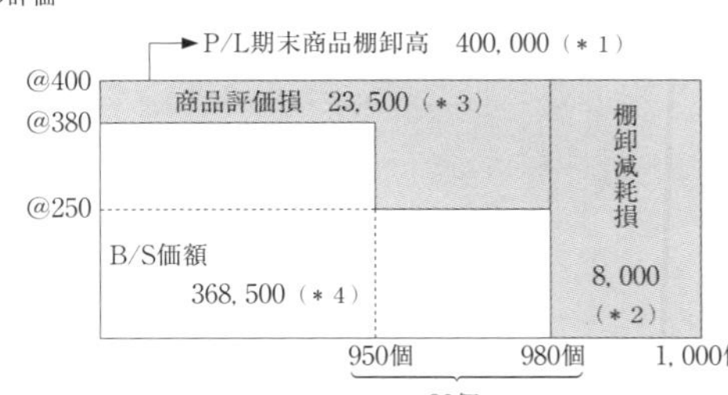

（＊1）@400円×1,000個＝400,000円
（＊2）（1,000個－980個）×@400円＝8,000円
（＊3）（@400円－@250円）×30個＝　4,500円
　　　（@400円－@380円）×950個＝19,000円　} 23,500円
（＊4）@380円×950個＋@250円×30個＝368,500円

（単位：円）

（仕　　　入）	500,000	（繰　越　商　品）	500,000
（繰　越　商　品）	400,000	（仕　　　入）	400,000
（棚　卸　減　耗　損）	8,000	（繰　越　商　品）	31,500
（商　品　評　価　損）	23,500		

問題3-2

損益計算書			(単位：円)
Ⅰ 売上高			(1,177,000)
Ⅱ 売上原価			
1．期首商品棚卸高		(127,500)	
2．当期商品仕入高		(890,250)	
合計		(1,017,750)	
3．期末商品棚卸高		(135,000)	
差引		(882,750)	
4．(商品評価損)		(2,810)	(885,560)
売上総利益			(291,440)
Ⅲ 販売費及び一般管理費			
1．(棚卸減耗損)			(1,000)
営業利益			(290,440)

解答への道

1．売上原価と期末商品の推定

原価

期首商品	127,500	売上原価	882,750
仕入高	890,250	期末商品	(＊) 135,000

売上原価 882,750 ← ×0.75 ― 前T/B売上 1,177,000

期末商品 (＊) 135,000 ← 貸借差額

(＊) 127,500円＋890,250円－882,750円＝135,000円　∴　135,000円÷1,350個＝@100円〈帳簿棚卸単価〉

そこで，決算整理仕訳を行う。

(単位：円)

(仕入)	127,500	(繰越商品)	127,500
(繰越商品)	135,000	(仕入)	135,000

2．期末商品の評価

→ P/L期末商品棚卸高　135,000（＊1）

@100
@ 99
@ 50

商品評価損　2,810（＊3）

棚卸減耗損　1,000（＊2）

B/S価額　131,190（＊4）

1,310個　1,340個　1,350個

30個

（＊1）@100円×1,350個＝135,000円

（＊2）(1,350個－1,340個)×@100円＝1,000円

（＊3）(@100円－@50円)×30個　＝1,500円 ｝2,810円
　　　(@100円－@99円)×1,310個＝1,310円

（＊4）@99円×1,310個＋@50円×30個＝131,190円

(単位：円)

(棚卸減耗損)	1,000	(繰越商品)	3,810
(商品評価損)	2,810		

問題3-3

(1)

損　益　計　算　書　　（単位：円）

Ⅰ　売　　上　　高		（ 402, 500 ）
Ⅱ　売　上　原　価		
1．期首商品棚卸高	（ 40, 000 ）	
2．当期商品仕入高	（ 264, 000 ）	
合　　計	（ 304, 000 ）	
3．期末商品棚卸高	（ 55, 000 ）	
差　　引	（ 249, 000 ）	
4．棚 卸 減 耗 損	（ 2, 200 ）	
5．商 品 評 価 損	（ 7, 200 ）	（ 258, 400 ）
売上総利益		（ 144, 100 ）

(2)

先入先出法による商品の貸借対照表価額（　　45, 600）円

解答への道

1．販売数量と期末帳簿数量

(1) 販売数量の計算

402, 500円÷@350円＝1, 150個

(2) 期末帳簿数量

2．売上原価の計算（先入先出法）

(1) 売上原価の計算

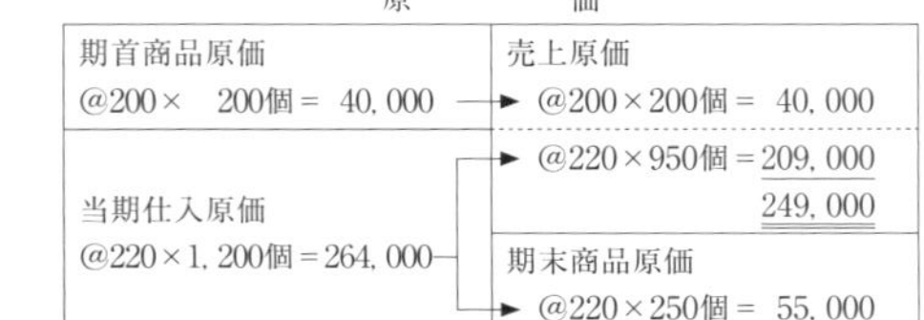

(2) 期末商品の評価

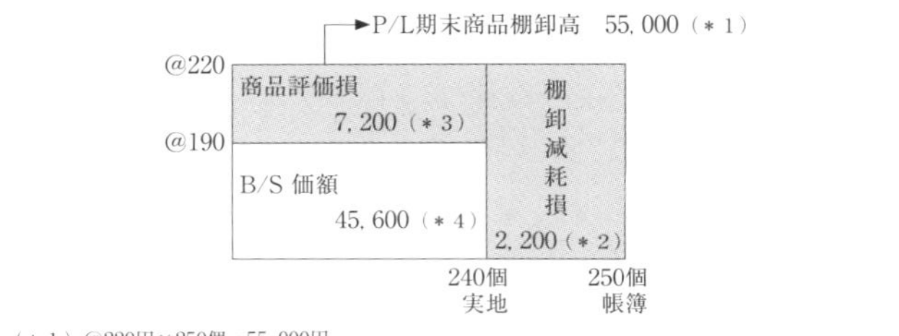

（＊1）@220円×250個＝55, 000円
（＊2）（250個－240個）×@220円＝2, 200円
（＊3）（@220円－@190円）×240個＝7, 200円
（＊4）@190円×240個＝45, 600円

(3) 決算整理仕訳

（単位：円）

（仕　　　　入）	40, 000	（繰　越　商　品）	40, 000
（繰　越　商　品）	55, 000	（仕　　　　入）	55, 000
（棚 卸 減 耗 損）	2, 200	（繰　越　商　品）	9, 400
（商 品 評 価 損）	7, 200		

問題3-4

損　益　計　算　書　　（単位：円）

Ⅰ　売　　上　　高		（ 240, 000 ）
Ⅱ　売　上　原　価		
1．期首商品棚卸高	（ 10, 800 ）	
2．当期商品仕入高	（ 168, 000 ）	
合　計	（ 178, 800 ）	
3．期末商品棚卸高	（ 20, 000 ）	
差　引	（ 158, 800 ）	
4．棚 卸 減 耗 損	（ 1, 000 ）	
5．商 品 評 価 損	（ 2, 850 ）	（ 162, 650 ）
売 上 総 利 益		（ 77, 350 ）

解答への道

1．売上高の推定（売掛金，受取手形を使用して推定）

本問では，売掛金と受取手形の増減の内訳が不明のため，売上はすべて掛けで行われた後で受取手形で回収していると仮定して推定する。なお，▭ 網掛け部分は貸借差額により算定する。

売　掛　金

期首残高	24, 000	受取手形	236, 600
売　　上	240, 000	期末残高	27, 400

受　取　手　形

期首残高	22, 000	現金預金	236, 000
売 掛 金	236, 600	期末残高	22, 600

または，受取手形と売掛金を１つの勘定にまとめて売上を推定することもできる。

受取手形・売掛金

	借方		貸方	
期　首　46,000	受取手形	22,000	現金預金	236,000
	売 掛 金	24,000		
	売　　上	240,000	受取手形	22,600
			売 掛 金	27,400
			期　末　50,000	

∴　当期販売数量は，240,000円〈売上高〉÷@300円＝800個

２．売上原価の計算

原　　　価

期首@180×60個　＝　10,800	売原（貸借差額）　158,800　→ 販売数量 800個
仕入@200×840個＝168,000	期末@200×100個＝　20,000　→ 期末帳簿数量 100個

（単位：円）

（仕　　　　入）	10,800	（繰　越　商　品）	10,800
（繰　越　商　品）	20,000	（仕　　　　入）	20,000

３．期末商品の評価

原価@200	商品評価損　2,850（＊２）	棚卸減耗損　1,000（＊１）
正味@170	B/S商　品　16,150（＊３）	
	実地 95個	帳簿 100個

（＊１）（100個－95個）×@200円＝1,000円〈棚卸減耗損〉
（＊２）（@200円－@170円）×95個＝2,850円〈商品評価損〉
（＊３）@170円×95個＝16,150円〈B/S商品〉

（単位：円）

（棚　卸　減　耗　損）（＊１）	1,000	（繰　越　商　品）	3,850
（商　品　評　価　損）（＊２）	2,850		

問題3-5

損　益　計　算　書　（単位：円）

Ⅰ　売　　上　　高		（7,000,000）
Ⅱ　売　上　原　価		
１．期首商品棚卸高	（　900,000）	
２．当期商品仕入高	（3,900,000）	
合　計	（4,800,000）	
３．期末商品棚卸高	（　600,000）	
差　引	（4,200,000）	
４．（棚 卸 減 耗 損）	（　60,000）	
５．（商 品 評 価 損）	（　40,000）	（4,300,000）
売 上 総 利 益		（2,700,000）

貸 借 対 照 表　（単位：円）

商　　　品（　500,000）	

解答への道

１．原価率の算定

本問の場合はインプット売価が不明のため，アウトプット売価より原価率を算定する。

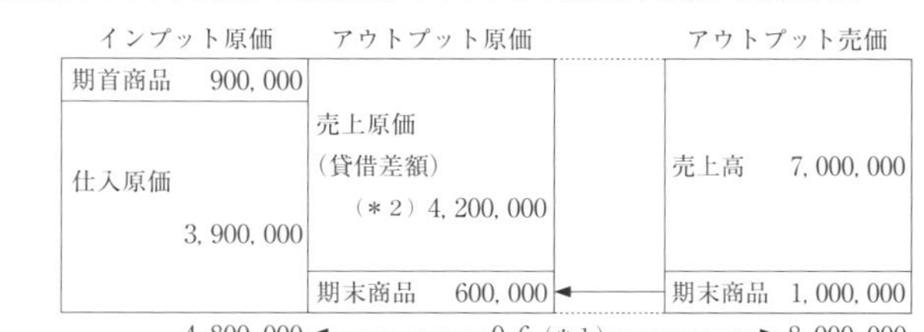

（＊１）$\frac{4,800,000円}{8,000,000円}$＝0.6〈アウトプット原価率〉

（＊２）900,000円＋3,900,000円－600,000円＝4,200,000円

２．期末商品の評価

0.6	→ P/L期末商品棚卸高　600,000（＊１）	
	商品評価損　40,000（＊３）	棚卸減耗損　60,000（＊２）
	B/S商品　500,000〈正味売却価額〉	
	実地 900,000	帳簿 1,000,000

（＊１）1,000,000円×0.6＝600,000円
（＊２）（1,000,000円－900,000円）×0.6＝60,000円
（＊３）900,000円×0.6＝540,000円
　　　540,000円－500,000円＝40,000円

問題3-6

損 益 計 算 書 (単位：円)

Ⅰ 売 上 高		(4, 080, 000)
Ⅱ 売 上 原 価		
1. 期首商品棚卸高	(950, 400)	
2. 当期商品仕入高	(3, 024, 000)	
合 計	(3, 974, 400)	
3. 期末商品棚卸高	(1, 036, 800)	
差 引	(2, 937, 600)	
4. 棚 卸 減 耗 損	(172, 800)	
5. 商 品 評 価 損	(14, 000)	(3, 124, 400)
売 上 総 利 益		(955, 600)

貸 借 対 照 表 (単位：円)

商 品	(850, 000)	

解答への道

1. 原価率の算定

期末商品正味売却価額が与えられているため，原価のみを原価率（原価法原価率）により算定する。

インプット売価	インプット原価	アウトプット原価	アウトプット売価
期首商品 1, 320, 000	期首商品 950, 400	売上原価（貸借差額）（＊4）2, 937, 600	売上高 4, 080, 000
仕入原価 3, 024, 000	仕入原価 3, 024, 000		
値 入 額 ＋1, 296, 000			
値 上 額 ＋ 140, 000			
値上取消額 △ 20, 000			
値 下 額 △ 300, 000			
値下取消額 ＋ 60, 000		期末商品 1, 036, 800 ←×0. 72	期末商品（＊3）1, 440, 000
(原価法分母) 5, 520, 000 ← 0. 72（＊1）→	3, 974, 400		（＊2）5, 520, 000

（＊1）$\frac{3,974,400円}{5,520,000円}$ ＝0. 72〈インプット原価率〉

（＊2）インプット売価合計（原価法の分母）とアウトプット売価合計は必ず一致することから，アウトプット売価合計は，5, 520, 000円と判明する。

（＊3）5, 520, 000円〈アウトプット売価合計〉－4, 080, 000円〈売上高〉＝1, 440, 000円

（＊4）950, 400円＋3, 024, 000円－1, 036, 800円＝2, 937, 600円

2. 期末商品の評価

→P/L期末商品棚卸高 1, 036, 800（＊1）

0. 72

商品評価損 14, 000（＊3）	棚卸減耗損 172, 800（＊2）
B/S商品 850, 000〈正味売却価額〉	

実地 1, 200, 000　帳簿 1, 440, 000

（＊1）1, 440, 000円×0. 72＝1, 036, 800円

（＊2）（1, 440, 000円－1, 200, 000円）×0. 72＝172, 800円

（＊3）1, 200, 000円×0. 72＝864, 000円
864, 000円－850, 000円＝14, 000円

問題3-7

(A) 損益計算書

(単位：円)

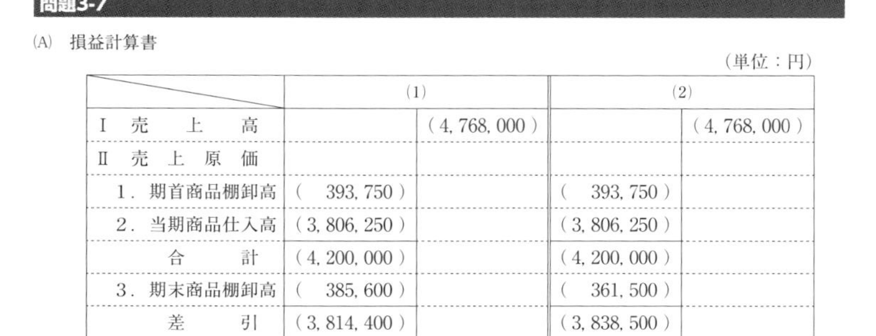

	(1)		(2)	
Ⅰ 売　上　高		(4, 768, 000)		(4, 768, 000)
Ⅱ 売 上 原 価				
1．期首商品棚卸高	(393, 750)		(393, 750)	
2．当期商品仕入高	(3, 806, 250)		(3, 806, 250)	
合　　計	(4, 200, 000)		(4, 200, 000)	
3．期末商品棚卸高	(385, 600)		(361, 500)	
差　　引	(3, 814, 400)		(3, 838, 500)	
4．棚 卸 減 耗 損	(16, 000)		(15, 000)	
5．商 品 評 価 損	(23, 100)	(3, 853, 500)	——	(3, 853, 500)
売上総利益		(914, 500)		(914, 500)

(B) 商品の貸借対照表価額

(1)	346, 500 円
(2)	346, 500 円

解答への道

1．原価率の算定

正味売却価額が与えられておらず，売価還元低価法を採用しているとあることから，原価のみではなく，正味売却価額も原価率（低価法原価率）により算定する。

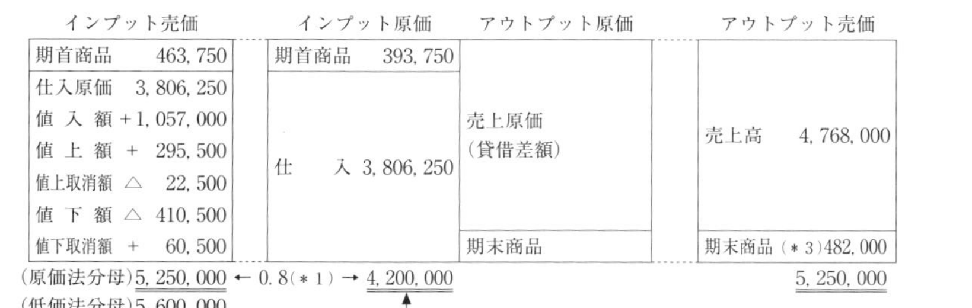

（＊1）$\frac{4,200,000円}{5,250,000円}$ = 0. 8〈原価法原価率〉

（＊2）$\frac{4,200,000円}{5,600,000円}$ = 0. 75〈低価法原価率〉

（＊3）5, 250, 000円〈アウトプット売価合計〉－4, 768, 000円〈売上高〉＝482, 000円

2．売上原価の計算および期末商品の評価

(1) 商品評価損を計上する場合

① 売上原価の計算

P/L期末商品棚卸高　482, 000円×0. 8＝385, 600円

売上原価の計算　393, 750円＋3, 806, 250円－385, 600円＝3, 814, 400円

② 期末商品の評価

P/L期末商品棚卸高　385, 600

原価法　0. 8

低価法　0. 75

商品評価損 23, 100（＊2）

B/S 価額 346, 500（＊3）

棚卸減耗損 16, 000（＊1）

実地 462, 000　帳簿 482, 000

（＊1）（482, 000円－462, 000円）×0. 8＝16, 000円
（＊2）（0. 8－0. 75）×462, 000円＝23, 100円
（＊3）462, 000円×0. 75＝346, 500円

(2) 商品評価損を計上しない方法

① 売上原価の計算

P/L期末商品棚卸高　482, 000円×0. 75＝361, 500円

売上原価の計算　393, 750円＋3, 806, 250円－361, 500円＝3, 838, 500円

② 期末商品の評価

P/L期末商品棚卸高　361, 500

低価法　0. 75

B/S 価額 346, 500（＊2）

棚卸減耗損 15, 000（＊1）

実地 462, 000　帳簿 482, 000

（＊1）（482, 000円－462, 000円）×0. 75＝15, 000円
（＊2）462, 000円×0. 75＝346, 500円

以上より，B/S価額は，(2)も同じである。

問題3-8

(A) 損益計算書

（単位：円）

	(1)		(2)	
Ⅰ 売上高		(2,405,500)		(2,405,500)
Ⅱ 売上原価				
1．期首商品棚卸高	(508,000)		(508,000)	
2．当期商品仕入高	(1,816,400)		(1,816,400)	
合計	(2,324,400)		(2,324,400)	
3．期末商品棚卸高	(400,000)		(378,300)	
差引	(1,924,400)		——	
4．棚卸減耗損	(12,000)		——	
5．商品評価損	(9,700)	(1,946,100)	——	(1,946,100)
売上総利益		(459,400)		(459,400)

(B) 商品の貸借対照表価額

(1)	378,300 円
(2)	378,300 円

解答への道

1．原価率の算定

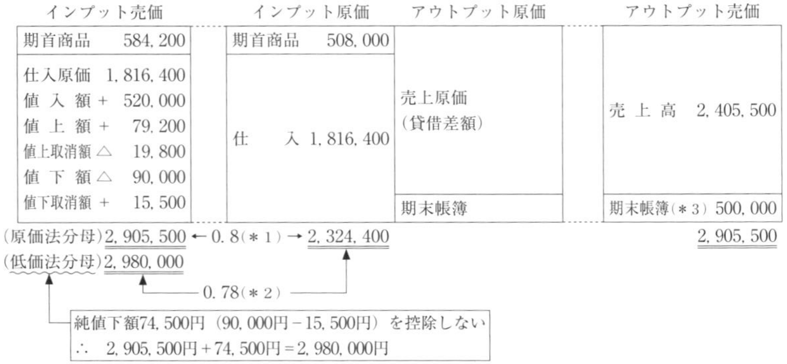

インプット売価		インプット原価	アウトプット原価	アウトプット売価
期首商品	584,200	期首商品 508,000	売上原価（貸借差額）	売上高 2,405,500
仕入原価	1,816,400	仕入 1,816,400		
値入額 +	520,000			
値上額 +	79,200			
値上取消額 △	19,800			
値下額 △	90,000			
値下取消額 +	15,500		期末帳簿	期末帳簿(＊3) 500,000

（原価法分母）2,905,500 ← 0.8（＊1）→ 2,324,400　　2,905,500

（低価法分母）2,980,000 ← 0.78（＊2）→ 2,324,400

純値下額74,500円（90,000円－15,500円）を控除しない
∴　2,905,500円＋74,500円＝2,980,000円

（＊1）$\frac{2,324,400円}{2,905,500円}$ ＝0.8〈原価法原価率〉

（＊2）$\frac{2,324,400円}{2,980,000円}$ ＝0.78〈低価法原価率〉

（＊3）2,905,500円〈アウトプット売価合計〉－2,405,500円〈売上高〉＝500,000円

2．売上原価の計算および期末商品の評価

(1) 商品評価損を計上する場合

① 売上原価の計算

P/L期末商品棚卸高：500,000円×0.8＝400,000円

∴　売上原価：508,000円＋1,816,400円－400,000円＝1,924,400円

② 期末商品の評価

→ P/L期末商品棚卸高　400,000

原価法　0.8
低価法　0.78

商品評価損　9,700（＊2）
B/S価額　378,300（＊3）
棚卸減耗損　12,000（＊1）

実地 485,000　帳簿 500,000

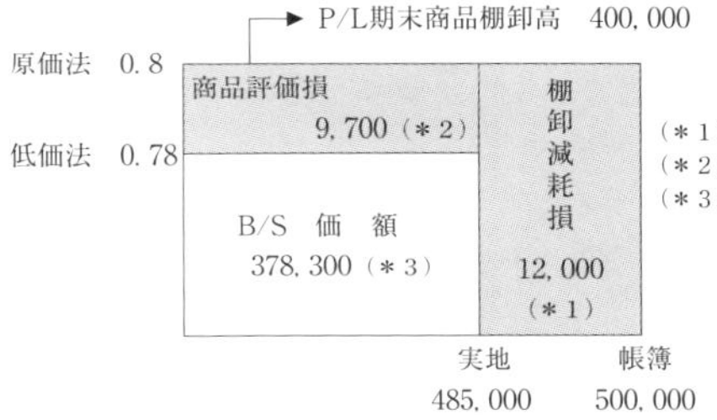

（＊1）（500,000円－485,000円）×0.8＝12,000円
（＊2）（0.8－0.78）×485,000円＝9,700円
（＊3）485,000円×0.78＝378,300円

(2) 期末商品棚卸高を期末商品実地棚卸高（売価）に正味値下額を除外して算定した原価率を乗じて求める場合

① 売上原価の計算

P/L期末商品棚卸高：485,000円×0.78＝378,300円

∴　売上原価：508,000円＋1,816,400円－378,300円＝1,946,100円

② 期末商品の評価

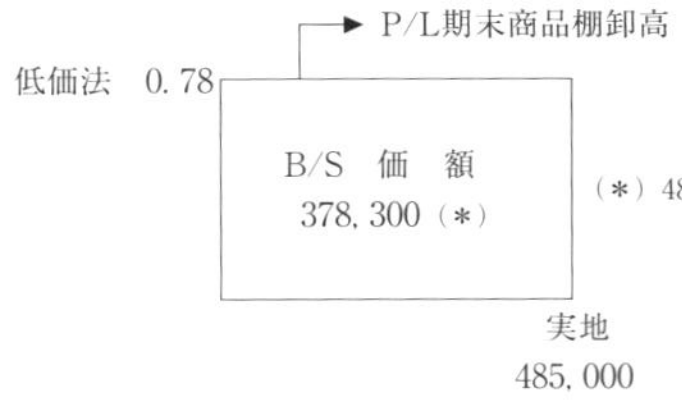

→ P/L期末商品棚卸高　378,300（＊）

低価法　0.78

B/S価額　378,300（＊）

実地 485,000

（＊）485,000円×0.78＝378,300円

問題3-9

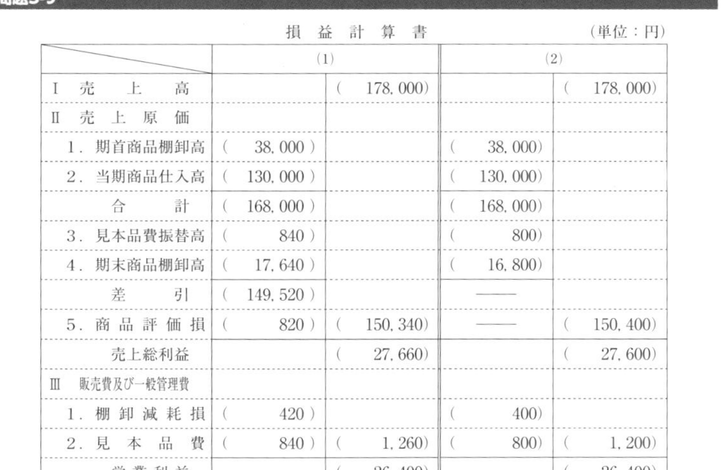

損　益　計　算　書　　　　(単位：円)

	(1)		(2)	
Ⅰ 売　上　高		(178,000)		(178,000)
Ⅱ 売 上 原 価				
1．期首商品棚卸高	(38,000)		(38,000)	
2．当期商品仕入高	(130,000)		(130,000)	
合　計	(168,000)		(168,000)	
3．見本品費振替高	(840)		(800)	
4．期末商品棚卸高	(17,640)		(16,800)	
差　引	(149,520)		——	
5．商 品 評 価 損	(820)	(150,340)	——	(150,400)
売上総利益		(27,660)		(27,600)
Ⅲ 販売費及び一般管理費				
1．棚 卸 減 耗 損	(420)		(400)	
2．見 本 品 費	(840)	(1,260)	(800)	(1,200)
営 業 利 益		(26,400)		(26,400)

解答への道

1．原価率等の計算

インプット売価		インプット原価		アウトプット原価	アウトプット売価	
期首商品	43,200	期首商品	38,000	売上原価	売 上 高	178,000
純仕入高	130,000	当期仕入	130,000			
値 入 額(＊1)	＋15,600					
値 上 額	＋21,200			見本品費	見本品費	1,000
値 下 額	△10,000			期末商品	期末帳簿(＊4)	21,000

(原価法分母)　200,000 ← 0.84(＊2) → 168,000　　　　200,000

(低価法分母)　210,000 ← 0.8(＊3) → 168,000

(＊1) 130,000円〈純仕入原価〉× 12%〈期中値入率〉＝ 15,600円〈値入額〉

(＊2) $\frac{168,000円}{200,000円}$ ＝ 0.84〈原価法原価率〉

(＊3) $\frac{168,000円}{210,000円}$ ＝ 0.8〈低価法原価率〉

(＊4) 200,000円〈アウトプット売価合計〉－ 178,000円〈売上高〉－ 1,000円〈見本品〉＝ 21,000円

2．売上原価の計算および期末商品の評価

(1) 商品評価損を計上する方法

① 計　算

→ 期末商品棚卸高17,640（＊2）

原価法 0.84
低価法 0.8

商品評価損 820（＊4）	棚卸減耗損 420（＊3）	見本品費 840（＊1）
B/S 価 額 16,400（＊5）		

20,500（実地）　21,000（帳簿）

(＊1) 1,000円 × 0.84 ＝ 840円
(＊2) 21,000円 × 0.84 ＝ 17,640円
(＊3) (21,000円 － 20,500円) × 0.84 ＝ 420円
(＊4) (0.84 － 0.8) × 20,500円 ＝ 820円
(＊5) 20,500円 × 0.8 ＝ 16,400円

② 仕　訳

(単位：円)

(仕　　入)	38,000	(繰 越 商 品)	38,000
(見 本 品 費)	840	(仕　　入)	840
(繰 越 商 品)	17,640	(仕　　入)	17,640
(棚 卸 減 耗 損)	420	(繰 越 商 品)	1,240
(商 品 評 価 損)	820		

∴ 売上原価：38,000円 ＋ 130,000円 － 840円 － 17,640円 ＝ 149,520円

(2) 商品評価損を計上しない方法

① 計　算

→ 期末商品棚卸高16,800（＊2）

低価法 0.8

B/S 価 額 16,400（＊4）	棚卸減耗損 400（＊3）	見本品費 800（＊1）

20,500（実地）　21,000（帳簿）

(＊1) 1,000円 × 0.8 ＝ 800円
(＊2) 21,000円 × 0.8 ＝ 16,800円
(＊3) (21,000円 － 20,500円) × 0.8 ＝ 400円
(＊4) 20,500円 × 0.8 ＝ 16,400円

(注) 商品評価損を計上しない方法による場合には，他勘定振替高も低価法原価率を使って計算する。

② 仕　訳

(単位：円)

(仕　　入)	38,000	(繰 越 商 品)	38,000
(見 本 品 費)	800	(仕　　入)	800
(繰 越 商 品)	16,800	(仕　　入)	16,800
(棚 卸 減 耗 損)	400	(繰 越 商 品)	400

∴ 売上原価：38,000円 ＋ 130,000円 － 800円 － 16,800円 ＝ 150,400円

問題3-10

損益計算書			(単位：円)
Ⅰ 売上高			(412,500)
Ⅱ 売上原価			
1．期首商品棚卸高	(60,000)		
2．当期商品仕入高	(276,000)		
合計	(336,000)		
3．期末商品棚卸高	(47,250)		
差引	(288,750)		
4．棚卸減耗損	(1,750)		
5．商品評価損	(3,900)	(294,400)	
売上総利益		(118,100)	

貸借対照表	(単位：円)
商品 (41,600)	

解答への道

1．原価率の算定

インプット売価		インプット原価		アウトプット原価		アウトプット売価	
期首商品	87,000	期首商品	60,000	売上原価（貸借差額）	288,750	T/B売上	412,500
仕入原価	276,000	T/B仕入	276,000				
原始値入額	＋132,300						
仕入戻しの利益(＊1)	△ 8,100						
値上額	＋ 37,800						
値下額	△ 45,000			期末商品	47,250	期末商品(＊3)	67,500

(原価法分母) 480,000 ← 0.7（＊2）→ 336,000　　480,000

(低価法分母) 525,000 ← 0.64(＊3)

（＊1）仕入戻しの売価が与えられていることから，仕入戻しの前に原始値入が行われていたことがわかる。よって，仕入戻し分の利益を原始値入額から控除する。
26,100円－18,000円＝8,100円

（＊2）原価法原価率：$\frac{336,000円}{480,000円}$＝0.7

（＊3）低価法原価率：$\frac{336,000円}{525,000円}$＝0.64

（＊4）480,000円－412,500円＝67,500円

2．期末商品の評価

原価法 0.7　→ P/L期末商品棚卸高 47,250（＊1）

低価法 0.64

商品評価損 3,900（＊3）

B/S価額 41,600（＊4）

棚卸減耗損 1,750（＊2）

実地 65,000　帳簿 67,500

（＊1）67,500円×0.7＝47,250円
（＊2）(67,500円－65,000円)×0.7＝1,750円
（＊3）(0.7－0.64)×65,000円＝3,900円
（＊4）65,000円×0.64＝41,600円

問題3-11

	評価額	評価損
個別基準（種類別）	523,200 円	22,800 円
個別基準（グループ別）	544,000 円	2,000 円
一括基準	546,000 円	── 円

（注）記入すべき該当金額がない場合にはその欄の中に──(線)を入れておくこと。

解答への道

(1) 個別基準（種類別）

商品名	原価		時価	評価額	評価損
A商品	@600円×150個＝ 90,000円	＞	@560円×150個＝ 84,000円	84,000円	6,000円
B商品	@800円×200個＝160,000円	＜	@820円×200個＝164,000円	160,000円	──
C商品	@500円×280個＝140,000円	＞	@440円×280個＝123,200円	123,200円	16,800円
D商品	@390円×400個＝156,000円	＜	@450円×400個＝180,000円	156,000円	──
	546,000円		551,200円	523,200円	22,800円

(2) 個別基準（グループ別）

グループ	商品名	原価		時価	評価額	評価損
甲	A商品	90,000円	＞	84,000円	248,000円	2,000円
	B商品	160,000円		164,000円		
乙	C商品	140,000円	＜	123,200円	296,000円	──
	D商品	156,000円		180,000円		
					544,000円	2,000円

(3) 一括基準

546,000円（原価合計）＜ 551,200円（時価合計）　∴ 評価額546,000円（評価損なし）

問題3-12

（単位：円）

	借方		貸方	
切放法	（仕　　入）	190,000	（繰越商品）	190,000
	（繰越商品）	227,000	（仕　　入）	227,000
	（商品評価損）	13,500	（繰越商品）	13,500
洗替法	（仕　　入）	200,000	（繰越商品）	200,000
	（繰越商品）	229,000	（仕　　入）	229,000
	（商品低価切下額）	10,000	（商品低価切下額戻入）	10,000
	（商品評価損）	14,500	（商品低価切下額）	14,500

(1)　切放法

損益計算書　（単位：円）

Ⅰ　売上高		（665,000）
Ⅱ　売上原価		
1．期首商品棚卸高	（190,000）	
2．当期商品仕入高	（420,000）	
合計	（610,000）	
3．期末商品棚卸高	（227,000）	
差引	（383,000）	
4．（商品評価損）	（13,500）	（396,500）
売上総利益		（268,500）

(2)　洗替法

損益計算書　（単位：円）

Ⅰ　売上高		（665,000）
Ⅱ　売上原価		
1．期首商品棚卸高	（200,000）	
2．当期商品仕入高	（420,000）	
合計	（620,000）	
3．期末商品棚卸高	（229,000）	
差引	（391,000）	
4．（商品評価損）	（4,500）	（395,500）
売上総利益		（269,500）

解答への道

1．決算修正仕訳

(1)　切放法

①　期首商品

@1,900円〈前期末時価〉×100個＝190,000円

②　期末商品

@1,900円×20個＝ 38,000円〈前期繰越分〉
@2,100円×90個＝189,000円〈当期仕入分〉　} 227,000円

③　商品評価損

簿　価：@1,900円(＊)×20個〈前期繰越分〉＋@2,100円×90個〈当期仕入分〉＝227,000円
時　価：@1,900円×20個〈前期繰越分〉＋@1,950円×90個〈当期仕入分〉＝213,500円
評価損：13,500円

（＊）前期繰越分20個については，前期末原価@2,000円＞前期末時価@1,900円であるため，当期末簿価@1,900円＜当期末時価@1,950円となり，評価損は計上しない。

(2)　洗替法

①　期首商品

@2,000円〈原価〉×100個＝200,000円

②　期末商品

@2,000円×20個＝ 40,000円〈前期繰越分〉
@2,100円×90個＝189,000円〈当期仕入分〉　} 229,000円

③　商品評価損

原　価：@2,100円×90個〈当期仕入分〉＋@2,000円(＊)×20個〈前期繰越分〉＝229,000円
時　価：@1,950円×(90個〈当期仕入分〉＋20個〈前期繰越分〉)＝214,500円
評価損：14,500円

（＊）前期末に計上した商品評価損10,000円を振り戻すため，取得原価で把握する。また，損益計算書の商品評価損は，相殺後の純額で記載するため14,500円－10,000円＝4,500円となる。

2．その他

売上高：@3,500円×190個＝665,000円
当期仕入：@2,100円×200個＝420,000円

問題3-13

	○または×	理　由
1	×	買入事務費，移管費，保管費等も付随費用であり，原則として取得原価に加算しなければならない。
2	○	
3	○	
4	○	
5	○	
6	○	

解答への道

1．「連続意見書第四」では，棚卸資産の取得原価に含めるべき付随費用として，引取運賃，購入手数料，関税等の外部副費および購入事務費，保管費等の内部副費を挙げており，それらのどこまでを取得原価に算入するかについては，企業の実情に応じ，費用収益対応の原則，重要性の原則，継続性の原則等を考慮して，適正に決定すべきであるとしている。

2．予定価格または標準原価を適用することによって把握された生産品原価も，当該原価が適正に決定されており，適用期間を通算して原価差額発生額が合理的に僅少である場合にはこれを生産品の貸借対照表価額とすることが認められている。かかる取得原価をもって棚卸資産の貸借対照表価額とする方法（予定を利用する実際原価法，予定原価法，標準原価法）は，取得原価基準（原価主義）に属するものとされる。

「企業会計原則注解【注21】」

……………………………………（前略）……………………………………

(2) 製品等の製造原価については，適正な原価計算基準に従って，予定価格又は標準原価を適用して算定した原価によることができる。

3．棚卸資産の売上原価等の払出原価と期末棚卸資産の価額を算定するには，個別法，先入先出法，平均原価法，売価還元法の中から選択した方法を適用する。

4．不動産会社が所有している分譲用の土地は，棚卸資産に該当するので取得価額が正味売却価額よりも高い場合には，正味売却価額で評価する。

5．通常の販売目的で保有する棚卸資産について，収益性の低下による簿価切下額は売上原価とするが，棚卸資産の製造に関連し不可避的に発生すると認められるときには製造原価として処理する。

6．トレーディング目的で保有する棚卸資産は，加工や販売の努力をすることなく，単に時価の変動により利益を得ることを目的としているので，投資者にとって有用な情報である時価をもって貸借対照表価額とする。

Theme 04 収益の認識基準

問題4-1

当　期	12,000 円
翌　期	1,500 円

解答への道

1．5つのステップ

(1) 契約の識別

(2) 履行義務の識別

(3) 取引価格の算定

(4) 取引価格の配分

(5) 履行義務の充足（収益の認識）

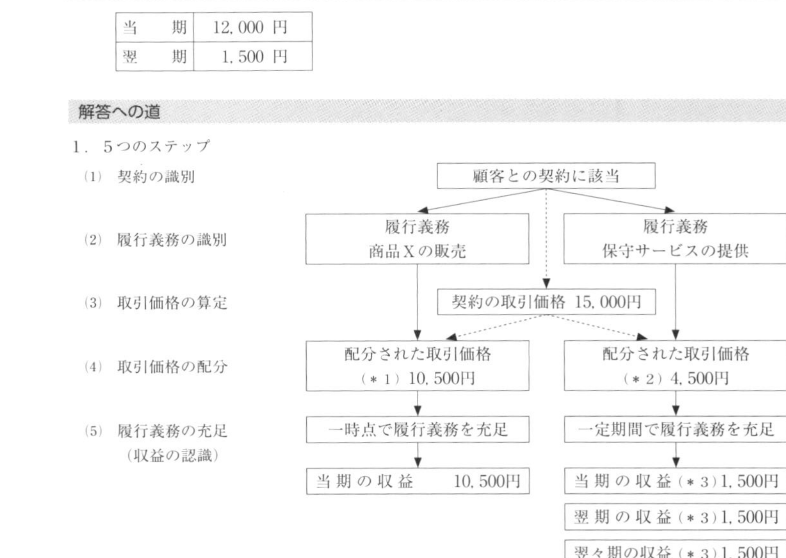

（＊1）$15,000円 \times \dfrac{14,000円〈商品Xの独立販売価格〉}{14,000円〈商品Xの独立販売価格〉+6,000円〈保守サービスの独立販売価格〉}$
$= 10,500円$

（＊2）$15,000円 \times \dfrac{6,000円〈保守サービスの独立販売価格〉}{14,000円〈商品Xの独立販売価格〉+6,000円〈保守サービスの独立販売価格〉}$
$= 4,500円$

（＊3）$4,500円 \times \dfrac{12か月}{36か月} = 1,500円$

2．仕訳

(1) 販売時

顧客から受け取った対価のうち，履行義務を充足した商品Xの販売については収益を認識する。なお，3年間にわたる保守サービスについては，まだ履行義務を充足していないため収益を認識せず，契約負債として処理する。また，取引価格を独立販売価格の比率にもとづき，それぞれの履行義務に配分する。

（単位：円）

借方	金額	貸方	金額
(現　金　預　金)	15,000	(売　上)(＊1)	10,500
		(契　約　負　債)(＊2)	4,500

(注)「契約負債」は「前受金」等のより具体的な科目で処理することもできる。

(2) 当期末

時間の経過にともない，履行義務を充足した保守サービスついて，契約負債から，収益に振り替える。

（単位：円）

借方	金額	貸方	金額
(契　約　負　債)	1,500	(売　上)(＊3)	1,500

∴　当期の収益：10,500円＋1,500円＝12,000円

(3) 翌期末

時間の経過にともない，履行義務を充足した保守サービスついて，契約負債から，収益に振り替える。

（単位：円）

借方	金額	貸方	金額
(契　約　負　債)	1,500	(売　上)(＊3)	1,500

(4) 翌々期末

時間の経過にともない，履行義務を充足した保守サービスついて，契約負債から，収益に振り替える。

（単位：円）

借方	金額	貸方	金額
(契　約　負　債)	1,500	(売　上)(＊3)	1,500

問題4-2

（単位：千円）

借方		金額	貸方		金額
(売　掛　金)	(＊1)	7,500	(売　上)	(＊2)	6,750
			(返　金　負　債)	(＊3)	750

解答への道

(1) 売掛金（顧客との契約から生じた債権）

受け取る対価に対する現在の権利を有している場合には，当該金額において返金の対象となる可能性があるとしても，顧客との契約から生じた債権を認識する。

（＊1）@300千円×25個＝7,500千円

(2) 売上および返金負債

顧客から受け取ったまたは受け取る対価の一部あるいは全部を顧客に返金すると見込む場合，受け取ったまたは受け取る対価の額のうち企業が権利を得ると見込まない額については，売上に計上せずに返金負債を計上する。

（＊2）@270千円×25個＝6,750千円
（＊3）（@300千円－@270千円）×25個＝750千円

問題4-3

決算整理後残高試算表　（単位：千円）

借方科目	金額	貸方科目	金額
商　品	(10,000)	返　金　負　債	(10,000)
返　品　資　産	(7,000)	商　品　売　上　高	(115,000)
商品売上原価	(83,000)		

解答への道

1．商品売上高の修正

返品されると見込む10,000千円については，商品売上高から返金負債に振り替える。

（単位：千円）

借方	金額	貸方	金額
(商　品　売　上　高)	10,000	(返　金　負　債)	10,000

∴　後T／B商品売上高：125,000千円〈前T／B〉－10,000千円＝115,000千円

2．商品売上原価の修正

返金負債の決済時に顧客から回収する商品7,000千円について，商品売上原価から返品資産に振り替える。

（単位：千円）

借方	金額	貸方	金額
(返　品　資　産)	7,000	(商　品　売　上　原　価)	7,000

∴　後T／B商品売上原価：90,000千円〈前T／B〉－7,000千円＝83,000千円

問題4-4

決算整理後残高試算表　（単位：千円）

繰越商品	（16,000）	返金負債	（1,500）
返品資産	（960）	売上	（98,500）
仕入	（63,040）		

解答への道

1．返金負債の計上

（単位：千円）

（売上）	1,500	（返金負債）(＊)	1,500

(＊) 15,000千円×10%〈返品率〉＝1,500千円

∴　後T／B売上：100,000千円〈前T／B〉－1,500千円＝98,500千円

2．売上原価と返品資産の計算

(1)　原価ボックス（返品考慮前）

原価ボックス

期首商品 8,000	貸借差額 64,000
前T/B仕入 72,000	
	期末商品 16,000

(＊)0.64 ←→ 前T／B売上 100,000

(＊) 64,000千円÷100,000千円＝0.64〈原価率〉

(2)　原価ボックス（返品考慮後）

原価ボックス

期首商品 8,000	売上原価 63,040 ←― 98,500×0.64
前T/B仕入 72,000	返品資産 960 ←― 1,500×0.64
	期末商品 16,000

(3)　仕訳

（単位：千円）

（仕入）	8,000	（繰越商品）	8,000
（返品資産）	960	（仕入）	960
（繰越商品）	16,000	（仕入）	16,000

(＊) 後T／B仕入：72,000千円〈前T／B〉＋8,000千円－960千円－16,000千円
＝63,040千円〈売上原価〉

問題4-5

決算整理後残高試算表　（単位：千円）

現金預金	（81,360）	返金負債	（3,360）
商品	（50,524）	売上	（1,184,860）
返品資産	（2,016）		
売上原価	（710,916）		

解答への道

1．2月末販売時の仕訳（処理済）

（単位：千円）

（現金預金）	100,000	（売上）	96,000
		（返金負債）(＊1)	4,000
（売上原価）(＊3)	57,600	（商品）(＊2)	60,000
（返品資産）(＊4)	2,400		

(＊1) 100,000千円－96,000千円＝4,000千円

(＊2) 1－0.4〈売上高総利益率〉＝0.6〈原価率〉
100,000千円×0.6＝60,000千円

(＊3) 96,000千円×0.6＝57,600千円

(＊4) 4,000千円×0.6＝2,400千円

2．3月販売時の仕訳（処理済）

（単位：千円）

（現金預金）	84,000	（売上）	80,640
		（返金負債）(＊1)	3,360
（売上原価）(＊3)	48,384	（商品）(＊2)	50,400
（返品資産）(＊4)	2,016		

(＊1) 84,000千円－80,640千円＝3,360千円

(＊2) 84,000千円×0.6＝50,400千円

(＊3) 80,640千円×0.6＝48,384千円

(＊4) 3,360千円×0.6＝2,016千円

∴　前T／B返金負債：4,000千円＋3,360千円＝7,360千円

∴　前T／B返品資産：2,400千円＋2,016千円＝4,416千円

3．2月末販売分の返品時の処理

（単位：千円）

（返金負債）	3,640	（現金預金）	3,640
（商品）(＊)	2,184	（返品資産）	2,184

(＊) 3,640千円×0.6＝2,184千円

∴　後T／B現金預金：85,000千円〈前T／B〉－3,640千円＝81,360千円

∴　後T／B商品：48,340千円〈前T／B〉＋2,184千円＝50,524千円

4．２月末販売分の返品期限到来・未返品分の処理
返品されずに返品期限が到来した商品に対する返金負債を売上に，返品資産を売上原価に振り替える。

（単位：千円）

（返金負債）（＊1）	360	（売上）	360
（売上原価）（＊2）	216	（返品資産）	216

（＊1）4, 000千円－3, 640千円＝360千円
（＊2）360千円×0.6＝216千円
∴　後T／B返金負債：7, 360千円〈前T／B〉－3, 640千円－360千円＝3, 360千円〈＝３月販売分〉
∴　後T／B売上：1, 184, 500千円〈前T／B〉＋360千円＝1, 184, 860千円
∴　後T／B返品資産：4, 416千円〈前T／B〉－2, 184千円－216千円＝2, 016千円〈＝３月販売分〉
∴　後T／B売上原価：710, 700千円〈前T／B〉＋216千円＝710, 916千円

問題4-6

決算整理後残高試算表　（単位：千円）

現金預金	（40, 680）	返金負債	（1, 680）
商品	（25, 262）	売上	（596, 130）
返品資産	（1, 008）		
売上原価	（357, 708）		

解答への道

1．２月末販売時の仕訳（処理済）

（単位：千円）

（現金預金）	50, 000	（売上）	48, 000
		（返金負債）（＊1）	2, 000
（売上原価）（＊3）	28, 800	（商品）（＊2）	30, 000
（返品資産）（＊4）	1, 200		

（＊1）50, 000千円－48, 000千円＝2, 000千円
（＊2）1－0.4〈当期の売上高総利益率〉＝0.6〈当期の原価率〉
50, 000千円×0.6＝30, 000千円
（＊3）48, 000千円×0.6＝28, 800千円
（＊4）2, 000千円×0.6＝1, 200千円

2．３月販売時の仕訳（処理済）

（単位：千円）

（現金預金）	42, 000	（売上）	40, 320
		（返金負債）（＊1）	1, 680
（売上原価）（＊3）	24, 192	（商品）（＊2）	25, 200
（返品資産）（＊4）	1, 008		

（＊1）42, 000千円－40, 320千円＝1, 680千円
（＊2）42, 000千円×0.6＝25, 200千円
（＊3）40, 320千円×0.6＝24, 192千円
（＊4）1, 680千円×0.6＝1, 008千円
∴　前T／B返金負債：2, 000千円＋1, 680千円＝3, 680千円
∴　前T／B返品資産：1, 200千円＋1, 008千円＝2, 208千円

3．２月末販売分の返品時の処理

（単位：千円）

（返金負債）	1, 820	（現金預金）	1, 820
（商品）（＊）	1, 092	（返品資産）	1, 092

（＊）1, 820千円×0.6＝1, 092千円
∴　後T／B現金預金：42, 500千円〈前T／B〉－1, 820千円＝40, 680千円
∴　後T／B商品：24, 170千円〈前T／B〉＋1, 092千円＝25, 262千円

4．２月末販売分の返品期限到来・未返品分の処理
返品されずに返品期限が到来した商品に対する返金負債を売上に，返品資産を売上原価に振り替える。

（単位：千円）

（返金負債）（＊1）	180	（売上）	180
（売上原価）（＊2）	108	（返品資産）	108

（＊1）2, 000千円－1, 820千円＝180千円
（＊2）180千円×0.6＝108千円
∴　後T／B返金負債：3, 680千円〈前T／B〉－1, 820千円－180千円＝1, 680千円〈＝３月販売分〉
∴　後T／B返品資産：2, 208千円〈前T／B〉－1, 092千円－108千円＝1, 008千円〈＝３月販売分〉
∴　後T／B売上原価：357, 600千円〈前T／B〉＋108千円＝357, 708千円

5．売上高
(1)　前期末時点で返品期限の到来していなかった商品の当期の処理（処理済）

（単位：千円）

（返金負債）（＊1）	3, 000	（現金預金）	2, 400
		（売上）（＊2）	600
（商品）（＊4）	1, 560	（返品資産）（＊3）	1, 950
（売上原価）（＊5）	390		

（＊1）60, 000千円－57, 000千円＝3, 000千円
（＊2）3, 000千円－2, 400千円＝600千円
（＊3）39, 000千円〈原価〉÷60, 000千円〈売価〉＝0.65〈前期の原価率〉
3, 000千円×0.65＝1,950千円
（＊4）2, 400千円×0.65＝1,560千円
（＊5）600千円×0.65＝390千円

(2)　前T／B売上の推定
357, 600千円〈前T／B売上原価〉－390千円〈前期販売分の売上原価〉
＝357, 210千円〈当期販売分の売上原価（２月末販売分の未返品分を除く）〉
357, 210千円÷0.6〈当期の原価率〉＝595, 350千円〈当期販売分の売上（２月末販売分の未返品分を除く）〉
595, 350千円＋600千円〈前期販売分の売上〉＝595, 950千円〈前T／B売上〉
∴　後T／B売上：595, 950千円〈前T／B〉＋180千円＝596, 130千円

問題4-7

(1)最頻値による方法	3, 000 千円
(2)期待値による方法	2, 910 千円

解答への道

(1) 最頻値による方法の場合

最頻値による方法とは，発生し得ると考えられる対価の額における最も可能性の高い金額（最頻値）による方法である。

(2) 期待値による方法の場合

期待値による方法とは，発生し得ると考えられる対価の額を確率で加重平均した金額（期待値）による方法である。

2, 400千円×25%＋3, 000千円×60%＋3, 400千円×15%＝2, 910千円

問題4-8

決算整理後残高試算表
×2年３月31日　（単位：円）

商　　品	（ 19, 800 ）	売　上　高	（ 200, 000 ）
売上原価	（ 115, 200 ）	受取手数料	（ 85, 000 ）

解答への道

1．代理店販売（受託販売）の修正

代理店販売（受託販売）では，「売上高」および「売上原価」を計上せずに，手数料収入のみを「受取手数料」として計上する。

（単位：円）

（売　上　高）	50, 000	（売上原価）	45, 000
		（受取手数料）（＊）	5, 000

（＊）50, 000円－45, 000円＝5, 000円

∴　後T/B売上高：250, 000円〈前T/B〉－50, 000円＝200, 000円

∴　後T/B受取手数料：80, 000円〈前T/B〉＋5, 000円＝85, 000円

2．商品評価損の計上

本問では，「商品」と「売上原価」が使われていることから，売上原価対立法で処理されていると判断する。売上原価対立法では，売上原価の算定と振替えは期中に処理済みである。したがって，売上原価を算定するための決算整理は不要である。ただし，評価損や棚卸減耗が生じている場合には，商品評価損や棚卸減耗損を計上する。

（単位：円）

（商品評価損）（＊）	200	（商　　品）	200
（売上原価）	200	（商品評価損）	200

（＊）2, 000円〈原価〉－1, 800円〈正味売却価額〉＝200円

∴　後T/B商品：20, 000円〈前T/B〉－200円＝19, 800円

∴　後T/B売上原価：160, 000円〈前T/B〉－45, 000円＋200円＝115, 200円

問題4-9

決算整理後残高試算表　（単位：円）

商　　品	（ 6, 600 ）	契約負債	（ 2, 500 ）
売上原価	（ 29, 400 ）	売　　上	（ 42, 000 ）
		雑　収　入	（ 500 ）

解答への道

1．商品の引渡し（未処理）

（単位：円）

（契約負債）	2, 000	（売　　上）	2, 000
（売上原価）	1, 400	（商　　品）	1, 400

∴　後Ｔ／Ｂ売上：40, 000円〈前Ｔ／Ｂ〉＋2, 000円＝42, 000円

∴　後Ｔ／Ｂ商品：8, 000円〈前Ｔ／Ｂ〉－1, 400円＝6, 600円

∴　後Ｔ／Ｂ売上原価：28, 000円〈前Ｔ／Ｂ〉＋1, 400円＝29, 400円

2．非行使部分の収益認識

非行使部分の金額に権利行使割合を乗じて収益認識額を算定する。

（単位：円）

（契約負債）（＊）	500	（雑　収　入）	500

（＊）5, 000円〈販売額〉－1, 000円〈非行使部分〉＝4, 000円〈権利行使見込額〉

1, 000円〈非行使部分〉×（2, 000円〈権利行使額〉／4, 000円〈権利行使見込額〉）（＝50%〈権利行使割合〉）＝500円

∴　後Ｔ／Ｂ契約負債：5, 000円〈前Ｔ／Ｂ〉－2, 000円－500円＝2, 500円

問題4-10

決算整理後残高試算表　（単位：円）

商　　品	（ 10, 200 ）	契約負債	（ 5, 500 ）
売上原価	（ 79, 800 ）	売　　上	（ 104, 500 ）

解答への道

1．販売時の修正

取引価格を独立販売価格の比率によって，商品販売分とポイント使用見込み分に配分する。ポイント使用見込み分（商品等の引渡し義務）は「契約負債」として計上する。

（単位：円）

（売　　上）	9, 167	（契約負債）（＊）	9, 167

（＊）110, 000円〈取引価格〉×（10, 000円〈ポイントの独立販売価格〉／（110, 000円〈商品販売分の独立販売価格〉＋10, 000円〈ポイントの独立販売価格〉））

≒9, 167円

2．ポイント使用時（未処理）

ポイントが使用された場合には，使用されたポイントに対応する「契約負債」を「売上」に振り替える。

（単位：円）

（契約負債）(＊)	3,667	（売上）	3,667
（売上原価）	2,800	（商品）	2,800

（＊）$9,167円〈契約負債〉\times\dfrac{4,000円〈使用ポイント〉}{10,000円〈使用見込み総ポイント〉}\fallingdotseq 3,667円$

∴　後T／B契約負債：9,167円－3,667円＝5,500円

∴　後T／B売上：110,000円〈前T／B〉－9,167円＋3,667円＝104,500円

∴　後T／B商品：13,000円〈前T／B〉－2,800円＝10,200円

∴　後T／B売上原価：77,000円〈前T／B〉＋2,800円＝79,800円

問題4-11

決算整理後残高試算表　（単位：円）

商品	（40,000）	契約負債	（12,500）
商品売上原価	（310,000）	商品売上高	（447,500）

解答への道

1．間違った仕訳

（単位：円）

（現金預金）	50,000	（商品売上高）	50,000

2．正しい仕訳

（単位：円）

（現金預金）	50,000	（商品売上高）	45,000
		（契約負債）(＊1)	5,000

（＊1）50,000円×10％＝5,000円

＋

（単位：円）

（契約負債）(＊2)	2,500	（商品売上高）	2,500

（＊2）5,000円×（100％－50％〈未使用率〉）＝2,500円

3．修正仕訳

（単位：円）

（商品売上高）	2,500	（契約負債）	2,500

∴　後T／B契約負債：10,000円〈前T／B〉＋2,500円＝12,500円

∴　後T／B商品売上高：450,000円〈前T／B〉－2,500円＝447,500円

問題4-12

×1年度末の契約負債	960 円
×2年度末の契約負債	360 円

解答への道

1．商品の販売時（×1年度）

取引価格を独立販売価格の比率によって，商品販売分とポイント使用見込み分に配分する。商品販売分は「売上」に計上し，ポイント使用見込み分（商品等の引渡し義務）は「契約負債」として計上する。

（単位：円）

（現金預金）	6,000	（売上）(＊1)	4,800
		（契約負債）(＊2)	1,200

（＊1）$6,000円〈取引価格〉\times\dfrac{6,000円〈商品販売分の独立販売価格〉}{6,000円〈商品販売分の独立販売価格〉+1,500円〈ポイントの独立販売価格〉}$
$=4,800円$

（＊2）$6,000円〈取引価格〉\times\dfrac{1,500円〈ポイントの独立販売価格〉}{6,000円〈商品販売分の独立販売価格〉+1,500円〈ポイントの独立販売価格〉}$
$=1,200円$

2．×1年度末

使用されたポイントに対応する「契約負債」を「売上」に振り替える。

（単位：円）

（契約負債）(＊)	240	（売上）	240

（＊）$1,200円〈契約負債〉\times\dfrac{300P〈使用されたポイント累計〉}{1,500P〈使用見込み総ポイント〉}=240円$

∴　×1年度末の契約負債：1,200円－240円＝960円

3．×2年度末

（単位：円）

（契約負債）(＊)	600	（売上）	600

（＊）$1,200円〈契約負債〉\times\dfrac{945P〈使用されたポイント累計〉}{1,350P〈変更後の使用見込み総ポイント〉}-240円=600円$

∴　×2年度末の契約負債：1,200円－240円－600円＝360円

Theme 05 工事契約

問題5-1

問1

	×1　年　度	×2　年　度	×3　年　度
工事収益	4, 500 万円	1, 500 万円	1, 500 万円
工事原価	3, 000 万円	1, 400 万円	1, 200 万円
工事利益	1, 500 万円	100 万円	300 万円

問2

	×1　年　度	×2　年　度	×3　年　度
工事収益	3, 000 万円	1, 400 万円	3, 100 万円
工事原価	3, 000 万円	1, 400 万円	1, 200 万円
工事利益	0 万円	0 万円	1, 900 万円

解答への道

問1

1．見積総工事原価の計算

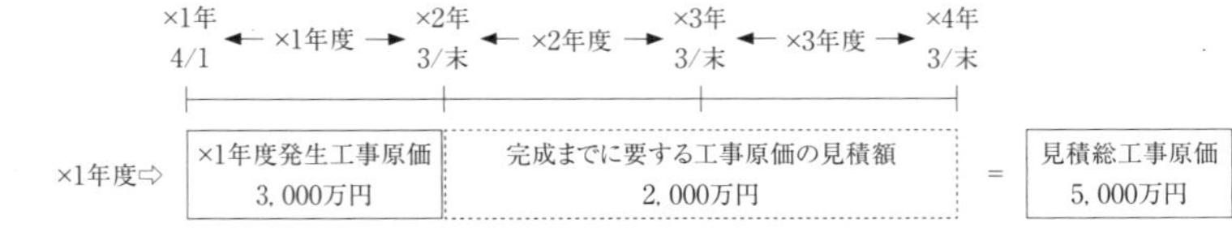

2．工事進捗度の計算

(1)　×1年度末

$$\frac{3,000\text{万円}\langle\times 1\text{年度発生工事原価}\rangle}{5,000\text{万円}\langle\times 1\text{年度末見積総工事原価}\rangle}=0.6$$

(2)　×2年度末

$$\frac{4,400\text{万円}\langle\times 2\text{年度発生工事原価累計額}\rangle}{5,500\text{万円}\langle\times 2\text{年度末見積総工事原価}\rangle}=0.8$$

(3)　×3年度

×3年度は工事の完成年度（引渡年度）であり，工事収益については差引計算で求めるため，工事進捗度を求める必要はない。

3．工事収益と工事利益の計算

(1)　×1年度

工事収益　4, 500万円 ⇦ 7, 500万円〈工事収益総額〉×0. 6〈×1年度末工事進捗度〉
工事原価　3, 000万円 ⇦ ×1年度発生工事原価
工事利益　1, 500万円

(2)　×2年度

工事収益については，いったん×2年度末における工事収益累計額を求め，それから×1年度の工事収益を差し引くことにより求める。

7, 500万円〈工事収益総額〉×0. 8〈×2年度末工事進捗度〉=6, 000万円〈×2年度末工事収益累計額〉

工事収益　1, 500万円 ⇦ 6, 000万円－4, 500万円〈×1年度工事収益〉
工事原価　1, 400万円 ⇦ ×2年度発生工事原価
工事利益　100万円

(3)　×3年度

×3年度は工事の完成年度（引渡年度）にあたるため，差引計算により工事収益を求める。

工事収益　1, 500万円 ⇦ 7, 500万円〈工事収益総額〉－4, 500万円〈×1年度工事収益〉－1, 500万円〈×2年度工事収益〉
工事原価　1, 200万円 ⇦ ×3年度発生工事原価
工事利益　300万円

問2

1．×1年度と×2年度の工事収益

工事原価と同額の工事収益を計上する。

2．×3年度の工事収益

工事完成年度にあたるため，残りの工事収益を計上する。

7, 500万円〈工事収益総額〉－(3, 000万円＋1, 400万円)＝3, 100万円

問題5-2

	第 3 期	第 4 期
売 上 高	29, 888 円	34, 112 円
売上総利益	6, 038 円	6, 962 円

解答への道

1．第２期

(1) 売上高

$80,000円 \times \dfrac{12,000円}{12,000円+48,000円}(=0.2)=16,000円$

(2) 売上総利益

16, 000円－12, 000円＝4, 000円

2．第３期

(1) 売上高

$80,000円 \times \dfrac{35,850円}{35,850円+26,650円}(=0.5736)-16,000円=29,888円$

(2) 売上総利益

29, 888円－(35, 850円－12, 000円)＝6, 038円

3．第４期

(1) 売上高

80, 000円－(16, 000円＋29, 888円)＝34, 112円

(2) 売上総利益

34, 112円－(63, 000円－35, 850円)＝6, 962円

問題5-3

(1) 各年度の工事利益

	×1 年 度	×2 年 度	×3 年 度
工 事 利 益	55, 000 千円	20, 000 千円	40, 000 千円

(2) ×1年度の工事未収入金および契約負債

工事未収入金	20, 000 千円
契 約 負 債	50, 000 千円

解答への道

1．各年度の工事利益の計算

(1) ×1年度

（単位：千円）

×1 年 度	A 工 事	B 工 事	合 計
工 事 収 益	(＊1) 160, 000	(＊2) 100, 000	260, 000
工 事 原 価	120, 000	85, 000	205, 000
工 事 利 益	40, 000	15, 000	55, 000

(＊1) $400,000千円 \times \dfrac{120,000千円}{300,000千円}(=0.4)=160,000千円$

(＊2) $500,000千円 \times \dfrac{85,000千円}{425,000千円}(=0.2)=100,000千円$

(2) ×2年度

（単位：千円）

×2 年 度	A 工 事	B 工 事	合 計
工 事 収 益	(＊1) 90, 000	(＊2) 150, 000	240, 000
工 事 原 価	80, 000	140, 000	220, 000
工 事 利 益	10, 000	10, 000	20, 000

(＊1) $400,000千円 \times \dfrac{120,000千円+80,000千円}{320,000千円}(=0.625)-160,000千円=90,000千円$

(＊2) $500,000千円 \times \dfrac{85,000千円+140,000千円}{450,000千円}(=0.5)-100,000千円=150,000千円$

(3) ×3年度

（単位：千円）

×3 年 度	A 工 事	B 工 事	合 計
工 事 収 益	(＊1) 150, 000	(＊2) 250, 000	400, 000
工 事 原 価	125, 000	235, 000	360, 000
工 事 利 益	25, 000	15, 000	40, 000

(＊1) 400, 000千円－160, 000千円－90, 000千円＝150, 000千円
(＊2) 500, 000千円－100, 000千円－150, 000千円＝250, 000千円

2．×1年度の工事未収入金および契約負債

A工事：160, 000千円〈収益計上額〉－140, 000千円〈契約時における入金額〉
＝ 20, 000千円〈工事未収入金〉

B工事：100, 000千円〈収益計上額〉－150, 000千円〈契約時における入金額〉
＝△50, 000千円〈契約負債〉

問題5-4

	第１期	第２期	第３期
工事収益	23,500 円	60,000 円	16,500 円
工事原価	21,150 円	67,350 円	17,000 円
工事損益	2,350 円	△ 7,350 円	△ 500 円
工事損失引当金の額	── 円	825 円	── 円

(注) 記入すべき金額がない場合には，──(線)を入れ，金額がマイナスの場合は数字の前に△を付けること。

解答への道

1．各年度における工事利益または工事損失（工事損失引当金設定前）

	第１期	第２期	第３期
工事収益	(＊１) 23,500円	(＊２) 60,000円	(＊３) 16,500円
工事原価	21,150円	66,525円	17,825円
工事損益	2,350円	△ 6,525円	△ 1,325円

(＊１) 100,000円〈工事収益総額〉× $\frac{21,150円}{21,150円+68,850円}$ (＝0.235)＝23,500円〈第１期工事収益〉

(＊２) 100,000円〈工事収益総額〉× $\frac{21,150円+66,525円}{21,150円+66,525円+17,325円}$ (＝0.835)＝83,500円

83,500円－23,500円＝60,000円〈第２期工事収益〉

(＊３) 100,000円〈工事収益総額〉－23,500円－60,000円＝16,500円〈第３期工事収益〉

2．工事損失引当金の計算

(1) 第１期

① 当該工事契約から発生すると見込まれる損失の有無

21,150円＋68,850円＝90,000円〈第１期見積総工事原価〉

100,000円 ＞ 90,000円　∴　当該工事契約から発生すると見込まれる損失はない。

当該工事契約から発生すると見込まれる損失がない場合は，工事損失引当金を計上しない。

(2) 第２期

① 当該工事契約から発生すると見込まれる損失の有無

21,150円＋66,525円＋17,325円＝105,000円

100,000円 ＜ 105,000円　∴　当該工事契約から発生すると見込まれる損失がある。

② 工事損失引当金の計上

(単位：円)

(工事原価)(＊４) 工事損失引当金繰入	825	(工事損失引当金)	825

(＊４) 100,000円－105,000円＝△5,000円〈当該工事契約から発生すると見込まれる損失〉
5,000円＋2,350円〈第１期工事利益〉－6,525円〈第２期工事損失〉＝825円〈第２期工事損失引当金〉

(3) 第３期

① 工事損失引当金の取崩し

第３期は工事の完成年度（引渡年度）であるため，工事損失引当金の残額を取り崩す。

(単位：円)

(工事損失引当金)	825	(工事原価) 工事損失引当金戻入	825

3．まとめ（各年度におけるそれぞれの金額）

	第１期	第２期	第３期
工事収益	(＊１) 23,500円	(＊２) 60,000円	(＊３) 16,500円
工事原価	21,150円	(＊５) 67,350円	(＊６) 17,000円
工事損益	2,350円	△ 7,350円	△ 500円
工事損失引当金の額	── 円	825円	── 円

(＊５) 66,525円〈第２期発生工事原価〉＋825円〈第２期工事損失引当金繰入〉＝67,350円
(＊６) 17,825円〈第３期発生工事原価〉－825円〈第３期工事損失引当金戻入〉＝17,000円

問題5-5

	×2 年 度		×3 年 度	
	A 工 事	B 工 事	A 工 事	B 工 事
工 事 収 益	384,000 千円	129,600 千円	324,000 千円	369,600 千円
工 事 原 価	489,600 千円	129,600 千円	308,000 千円	331,200 千円
工 事 損 益	△105,600 千円	0 千円	16,000 千円	38,400 千円

解答への道

1．A工事（原価比例法）

(1) ×1年度

「工事収益総額960, 000千円 ＞ 工事原価総額672, 000千円」であるため，工事損失引当金を設定しない。

（単位：千円）

工 事 収 益	(＊) 192, 000
工 事 原 価	134, 400
工 事 損 益	57, 600

(＊) $960,000\text{千円} \times \frac{134,400\text{千円}}{672,000\text{千円}}$ (＝0. 2)＝192, 000千円〈工事収益〉

(2) ×2年度

「工事収益総額960, 000千円 ＜ 工事原価総額1, 008, 000千円」であるため，工事損失引当金を設定する。

① 工事損失引当金設定前

（単位：千円）

工 事 収 益	(＊) 384, 000
工 事 原 価	470, 400
工 事 損 益	△ 86, 400

(＊) $960,000\text{千円} \times \frac{134,400\text{千円}+470,400\text{千円}}{1,008,000\text{千円}}$ (＝0. 6)＝576, 000千円

576, 000千円－192, 000千円＝384, 000千円〈工事収益〉

② 工事損失引当金設定後

（単位：千円）

工 事 収 益	384, 000
工 事 原 価	(＊) 489, 600
工 事 損 益	△ 105, 600

(＊) 1, 008, 000千円〈×2年度工事原価総額〉－960, 000千円〈工事収益総額〉＝48, 000千円〈見積工事損失〉
48, 000千円＋57, 600千円〈×1年度工事利益〉－86, 400千円〈×2年度引当金設定前工事損失〉
＝19, 200千円〈工事損失引当金設定額〉
470, 400千円〈引当金設定前工事原価〉＋19, 200千円〈繰入額〉＝489, 600千円〈引当金設定後工事原価〉

(3) ×3年度

① 工事損失引当金設定前

（単位：千円）

工 事 収 益	(＊) 324, 000
工 事 原 価	324, 000
工 事 損 益	0

(＊) $1,000,000\text{千円} \times \frac{134,400\text{千円}+470,400\text{千円}+324,000\text{千円}}{1,032,000\text{千円}}$ (＝0. 9)＝900, 000千円

900, 000千円－192, 000千円－384, 000千円＝324, 000千円〈工事収益〉

② 工事損失引当金設定後

（単位：千円）

工 事 収 益	324, 000
工 事 原 価	(＊) 308, 000
工 事 損 益	16, 000

(＊) 1, 032, 000千円〈×3年度工事原価総額〉－1, 000, 000千円〈工事収益総額〉＝32, 000千円〈見積工事損失〉
32, 000千円＋57, 600千円〈×1年度工事利益〉－86, 400千円〈×2年度引当金設定前工事損失〉
－0千円〈×3年度引当金設定前工事損失〉＝3, 200千円〈工事損失引当金設定額〉
3, 200千円－19, 200千円＝△16, 000千円〈戻入額〉
324, 000千円〈引当金設定前工事原価〉－16, 000千円〈戻入額〉＝308, 000千円〈引当金設定後工事原価〉

2．B工事（原価回収基準から原価比例法）

(1) ×2年度（原価回収基準）

工事の進捗度を合理的に見積ることができないが，履行義務を充足する際に発生する費用の回収は見込まれるため，原価回収基準により収益を認識する。

（単位：千円）

工 事 収 益	(＊) 129, 600
工 事 原 価	129, 600
工 事 損 益	0

(＊) 工事原価と同額

(2) ×3年度（原価比例法）

工事の進捗度を合理的に見積ることができるようになったため，原価比例法により収益を認識する。

「工事収益総額624, 000千円 ＞ 工事原価総額576, 000千円」であるため，工事損失引当金を設定しない。

（単位：千円）

工 事 収 益	(＊) 369, 600
工 事 原 価	331, 200
工 事 損 益	38, 400

(＊) $624,000\text{千円} \times \frac{129,600\text{千円}+331,200\text{千円}}{576,000\text{千円}}$ (＝0. 8)＝499, 200千円

499, 200千円－129, 600千円＝369, 600千円〈工事収益〉

問題5-6

	○または×	理　　由
1	○	
2	×	材料費だけでなく，工事原価の総額に対する当期に発生した工事原価の進捗度に応じて計上することが一般的に合理的である。
3	○	
4	○	

解答への道

1．工事契約に関する認識は，以下のようになる。

履行義務の充足に係る進捗度を	合理的に見積ることができる	進捗度にもとづき収益を認識
	合理的に見積ることができないが，発生する費用の回収ができる	原価回収基準により収益を認識

2．材料費の発生が工事の進行程度に比例的な関係の場合には，合理性をもつといえるが，一般的に材料費は，ある時点で一度に発生することが多いため工事原価全体を利用して工事進行程度を見積ったほうが合理的といえる。

3．工事契約について，工事損失が発生する可能性が高く，金額を合理的に見積ることができる場合には，工事損失が見込まれた期の損失として工事損失引当金を計上する。

4．工事損失引当金の繰入額は売上原価に含め，工事損失引当金の額は貸借対照表に流動負債として計上する。

Theme 06 割賦販売

問題6-1

売上高	32,000 円
受取利息	3,200 円

解答への道

1．商品の販売時

（単位：円）

借方	金額	貸方	金額
（割賦売掛金）(＊)	32,000	（売上）	32,000

（＊）現金販売価格

2．代金回収時

（単位：円）

借方	金額	貸方	金額
（割賦売掛金）(＊)	3,200	（受取利息）	3,200
（現金預金）	16,000	（割賦売掛金）	16,000

（＊）40,000円－32,000円＝8,000円〈利息相当額〉

$8,000円 \times \frac{4回}{10回} = 3,200円$

問題6-2

(1) 代金回収時

（単位：円）

借方	金額	貸方	金額
（割賦売掛金）	1,600	（受取利息）	1,600
（現金預金）	8,000	（割賦売掛金）	8,000

(2) 回収不能時

（単位：円）

借方	金額	貸方	金額
（戻り商品）	7,000	（割賦売掛金）	12,800
（貸倒引当金）	3,000		
（戻り商品損失）	2,800		

（注）「戻り商品損失」は「貸倒損失」でもよい。

解答への道

1．前期の仕訳

(1) 商品の販売時

（単位：円）

借方科目	金額	貸方科目	金額
（割　賦　売　掛　金）（＊）	32,000	（売　　　　　上）	32,000

（＊）現金販売価格

(2) 代金回収時

（単位：円）

借方科目	金額	貸方科目	金額
（割　賦　売　掛　金）（＊）	3,200	（受　取　利　息）	3,200
（現　金　預　金）	16,000	（割　賦　売　掛　金）	16,000

（＊）40,000円－32,000円＝8,000円〈利息相当額〉

$8,000円 \times \frac{2回}{5回} = 3,200円$

∴　前期末の割賦売掛金：32,000円＋3,200円－16,000円＝19,200円

2．当期の仕訳

(1) 代金回収時

（単位：円）

借方科目	金額	貸方科目	金額
（割　賦　売　掛　金）（＊）	1,600	（受　取　利　息）	1,600
（現　金　預　金）	8,000	（割　賦　売　掛　金）	8,000

（＊）$8,000円 \times \frac{1回}{5回} = 1,600円$

∴　代金回収後の割賦売掛金：19,200円〈前期末残高〉＋1,600円－8,000円＝12,800円

(2) 回収不能時

割賦売掛金に対して貸倒引当金を設定しているため，貸倒引当金を取り崩して充当する。

（単位：円）

借方科目	金額	貸方科目	金額
（戻　り　商　品）（＊1）	7,000	（割　賦　売　掛　金）	12,800
（貸　倒　引　当　金）	3,000		
（戻 り 商 品 損 失）（＊2）	2,800		

（＊1）評価額
（＊2）貸借差額

Theme 07 委託販売

問題7-1

損益計算書　（単位：円）

Ⅰ　売　上　高		
1．一般売上高	（ 825,000 ）	
2．積送品売上高	（ 230,000 ）	（ 1,055,000 ）
Ⅱ　売 上 原 価		
1．期首商品棚卸高	（ 180,000 ）	
2．当期商品仕入高	（ 800,000 ）	
合　計	（ 980,000 ）	
3．期末商品棚卸高	（ 160,000 ）	（ 820,000 ）
売 上 総 利 益		（ 235,000 ）

貸借対照表　（単位：円）

商　　品（ 160,000 ）	

解答への道

1．決算整理前残高試算表の意味

決算整理前残高試算表　（単位：円）

	借方科目	金額	貸方科目	金額
期首手許商品原価→	繰 越 商 品	180,000	一 般 売 上	825,000
積送仕入→	積　送　品	200,000	積 送 品 売 上	230,000
一般仕入→	仕　　入	600,000		

2．売上原価の計算

原価ボックスにより，売上原価を計算する。手許商品区分法では，一般商品販売の売上原価と委託販売の売上原価を２つの原価ボックスに分けて計算する。

一　般　販　売

前T/B繰越商品	180,000	売上原価	660,000 ←×0.8― 前T/B一般売上　825,000
前T/B仕入	600,000	期末手許商品原価	120,000 ←― 貸借差額

委　託　販　売

期首積送品	0	売上原価	160,000 ←―前T/B積送品売上230,000÷1.15×0.8
積送仕入（差額）	200,000	期末積送品（差額）	40,000

（前T/B積送品 200,000 ＝ 期首積送品＋積送仕入）

上記の２つの原価ボックスを合計して，損益計算書上の売上原価を計算する。

（単位：円）

	一般販売	委託販売	合　計
期首商品棚卸高	180,000	0	180,000
当期商品仕入高	600,000	200,000	800,000
期末商品棚卸高	△120,000	△40,000	△160,000
売上原価	660,000	160,000	820,000

3．決算整理仕訳

① 手許商品の整理

（単位：円）

（仕　　入）	180,000	（繰越商品）	180,000
（繰越商品）	120,000	（仕　　入）	120,000

② 積送品の整理

（単位：円）

（仕　　入）	200,000	（積送品）（＊1）	200,000
（積送品）（＊2）	40,000	（仕　　入）	40,000

（＊1）整理前T/B積送品＝積送仕入
（＊2）期末積送品原価

問題7-2

損益計算書　（単位：円）

Ⅰ 売上高		
1．一般売上高	（825,000）	
2．積送品売上高	（230,000）	（1,055,000）
Ⅱ 売上原価		
1．期首商品棚卸高	（180,000）	
2．当期商品仕入高	（800,000）	
合計	（980,000）	
3．期末商品棚卸高	（160,000）	（820,000）
売上総利益		（235,000）

貸借対照表　（単位：円）

商　品（160,000）

解答への道

1．決算整理前残高試算表の意味

決算整理前残高試算表　（単位：円）

期首手許商品原価→	繰越商品	180,000	一般売上	825,000
期末積送品原価→	積送品	40,000	積送品売上	230,000
→	仕入	760,000		

（仕入）←一般仕入＋積送品売上原価

2．売上原価の計算

原価ボックスにより，売上原価を計算する。手許商品区分法では，一般商品販売の売上原価と委託販売の売上原価を２つの原価ボックスに分けて計算する。

一般販売

前T/B繰越商品	180,000	売上原価	660,000
前T/B仕入	760,000		
積送品売上原価	△160,000		
一般仕入	600,000	期末手許商品原価	120,000

売上原価 660,000 ←×0.8― 前T/B一般売上 825,000
期末手許商品原価 120,000 ←― 貸借差額

（注）その都度法では，販売のつど委託販売の売上原価が仕入勘定へ振り替えられているため，一般販売の売上原価の計算上，控除する。

委託販売

期首積送品	0	売上原価	160,000
積送仕入（差額）	200,000	前T/B積送品	40,000

売上原価 160,000 ←― 前T/B積送品売上230,000÷1.15×0.8

上記の２つの原価ボックスを合計して，損益計算書上の原価を計算する。

（単位：円）

	一般販売	委託販売	合　計
期首商品棚卸高	180,000	0	180,000
当期商品仕入高	600,000	200,000	800,000
期末商品棚卸高	△120,000	△40,000	△160,000
売上原価	660,000	160,000	820,000

3．決算整理仕訳

① 手許商品の整理

（単位：円）

（仕　　入）	180,000	（繰越商品）	180,000
（繰越商品）	120,000	（仕　　入）	120,000

② 積送品の整理

（単位：円）

（仕　　入）	40,000	（積送品）（＊）	40,000
（積送品）（＊）	40,000	（仕　　入）	40,000

（＊）期末積送品原価

問題7-3

(1)の方法

① 仕　訳

(単位：円)

	借方科目	金額	貸方科目	金額
1	(仕　入)	240,000	(買　掛　金)	240,000
2	(積　送　品)	250,000	(仕　入)	240,000
			(現　金)	10,000
3	(積 送 未 収 金)	223,000	(積 送 品 売 上)	223,000
4	(仕　入)	250,000	(積　送　品)	250,000
	(積　送　品)	50,000	(仕　入)	50,000

② 決算整理後残高試算表（一部）

決算整理後残高試算表　(単位：円)

借方	金額	貸方	金額
積送未収金	(223,000)	積送品売上	(223,000)
積送品	(50,000)		
仕入	(200,000)		

(2)の方法

① 仕　訳

(単位：円)

	借方科目	金額	貸方科目	金額
1	(仕　入)	240,000	(買　掛　金)	240,000
2	(積　送　品)	240,000	(仕　入)	240,000
	(積 送 諸 掛)	10,000	(現　金)	10,000
3	(積 送 未 収 金)	223,000	(積 送 品 売 上)	240,000
	(積 送 諸 掛)	17,000		
4	(仕　入)	240,000	(積　送　品)	240,000
	(積　送　品)	48,000	(仕　入)	48,000
	(繰 延 積 送 諸 掛)	2,600	(積 送 諸 掛)	2,600

② 決算整理後残高試算表（一部）

決算整理後残高試算表　(単位：円)

借方	金額	貸方	金額
積送未収金	(223,000)	積送品売上	(240,000)
積送品	(48,000)		
繰延積送諸掛	(2,600)		
仕入	(192,000)		
積送諸掛	(24,400)		

解答への道

(1)の方法

1．～4．の仕訳（期中取引）の注意点

2．積送時の仕訳

問題文の指示により，発送時の諸掛りは積送品原価に加算するため，積送品原価は，240,000円〈仕入原価〉+10,000円〈運賃〉=250,000円となり，単価は，250,000円÷1,000個=@250円となる。

3．受託者販売日

問題文の指示により，受託者側で発生した積送諸掛は，積送品売上と相殺する。したがって，積送品売上は，240,000円〈売上高〉−17,000円〈諸掛り〉=223,000円となる。

これらの期中取引の結果，主な勘定の記入と決算整理前残高試算表は次のようになる。

仕　入

借方		貸方	
当期仕入	240,000	当期積送	240,000

積　送　品

借方		貸方	
当期積送	240,000		
諸掛	10,000		
積送品原価	250,000	前T/B	250,000

決算整理前残高試算表　(単位：円)

借方	金額	貸方	金額
積送未収金	223,000	積送品売上	223,000
積送品	250,000		
仕入	0		

4．の仕訳（決算整理）の注意点

本問では，発送時の諸掛り10,000円を積送品原価に加算しているので，期末積送品原価は，@250円〈諸掛り含む〉×200個=50,000円となる。

決算整理の結果，主な勘定の記入は次のようになる。

仕　入

借方		貸方	
積送品原価	250,000	期末積送品原価	50,000
		後T/B（売上原価）	200,000

積　送　品

借方		貸方	
前T/B	250,000	積送品原価	250,000
期末積送品原価	50,000	後T/B	50,000

(2)の方法

1．～4．の仕訳（期中取引）の注意点

2．積送時の仕訳

問題文の指示により，発送時の諸掛りは積送諸掛勘定で処理するため，積送品原価は仕入原価の240,000円となり，単価は240,000円÷1,000個=@240円と仕入時の単価のままになる。

3．受託者販売日

問題文の指示により，受託者側で発生した積送諸掛は，積送諸掛勘定で処理する。したがって，積送品売上は，240,000円〈売上高〉となる。

これらの期間取引の結果，主な勘定の記入と決算整理前残高試算表は次のようになる。

仕　　入

当期仕入	240,000	当期積送	240,000

積　送　品

当期積送	240,000		

積　送　諸　掛

発送時	10,000	前T/B	27,000
受託者側	17,000		
合計	27,000		

決算整理前残高試算表　（単位：円）

積送未収金	223,000	積送品売上	240,000
積　送　品	240,000		
仕　　　入	0		
積送諸掛	27,000		

4．の仕訳（決算整理）の注意点

本問では，発送時の諸掛り10,000円を積送諸掛勘定で処理しているので，期末積送品原価は，@240円〈諸掛り含まず〉×200個＝48,000円となる。また，積送諸掛勘定で処理されている諸掛りのうち，発送時の運賃10,000円と受託者側の引取費3,000円は，当期積送高1,000個に対するものであるため，期末に未販売の200個に対応するものを次期に繰り延べなければならない。したがって，(10,000円〈運賃〉+3,000円〈引取費〉)÷1,000個×200個＝2,600円を繰延積送諸掛として繰り延べる。

決算整理の結果，主な勘定の記入は次のようになる。

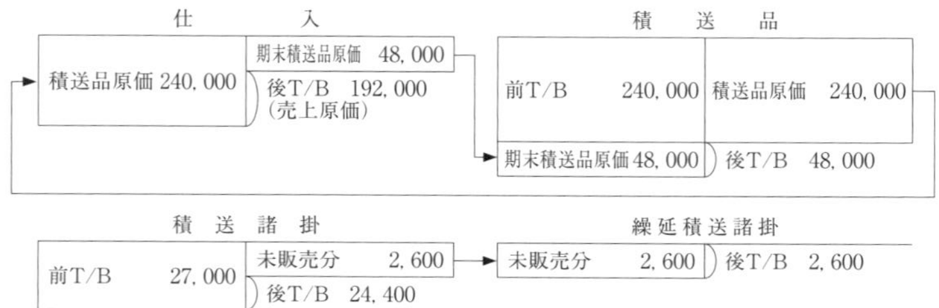

問題7-4

損益計算書

自×1年4月1日　至×2年3月31日　（単位：円）

Ⅰ 売上高		(4,160,000)
Ⅱ 売上原価		
1．期首商品棚卸高	(235,000)	
2．当期商品仕入高	(3,096,000)	
合計	(3,331,000)	
3．期末商品棚卸高	(141,000)	
差引	(3,190,000)	
4．商品評価損	(11,600)	(3,201,600)
売上総利益		(958,400)
Ⅲ 販売費及び一般管理費		
販売費	(260,000)	
一般管理費	(186,000)	
棚卸減耗損	(4,000)	
貸倒引当金繰入	(10,000)	
減価償却費	(140,000)	(600,000)
営業利益		(358,400)
Ⅳ 営業外収益		
受取利息	(9,200)	
有価証券利息	(6,400)	
有価証券評価益	(20,000)	
(仕入割引)	(15,000)	(50,600)
Ⅴ 営業外費用		
支払利息		(9,000)
税引前当期純利益		(400,000)
法人税等		(120,000)
当期純利益		(280,000)

解答への道

1．仕入高の修正

前T/B仕入からは，仕入割引15,000円が控除されているが，仕入の控除項目ではないので修正する。

（単位：円）

（仕　　入）	15,000	（仕　入　割　引）	15,000

2．未処理事項の整理（委託販売）

（単位：円）

（積　送　未　収　金）	70,000	（積　送　品　売　上）	80,000
（販　売　費）積送諸掛	10,000		

∴　P/L売上高：2,460,000円〈T/B一般売上〉＋1,620,000円〈T/B積送品売上〉＋80,000円〈未処理〉＝4,160,000円

3．原価ボックスと決算整理仕訳

(1)　原価ボックス

一　般　販　売

T/B繰越商品	150,000	売上原価	2,000,000
T/B仕入	1,937,000		
仕入割引	＋15,000		
	1,952,000	期末手許商品	102,000

期末手許商品 102,000 ← 期末手許商品帳簿棚卸高

委　託　販　売

期首積送品	85,000	売上原価	1,190,000
当期積送高	1,144,000	期末積送品	39,000

売上原価 1,190,000 ←（1,620,000円〈T/B積送品売上〉＋80,000円〈未処理〉）×0.7

期末積送品 39,000 ← 貸借差額

当期積送高 1,144,000 ← 1,229,000〈T/B積送品〉－85,000

∴　P/L期首商品棚卸高：150,000円＋85,000円＝235,000円

P/L当期商品仕入高：1,952,000円＋1,144,000円＝3,096,000円

P/L期末商品棚卸高：102,000円＋39,000円＝141,000円

(2)　決算整理仕訳

①　手許商品

（単位：円）

（仕　　入）	150,000	（繰　越　商　品）	150,000
（繰　越　商　品）（＊1）	102,000	（仕　　入）	102,000
（棚　卸　減　耗　損）（＊2）	4,000	（繰　越　商　品）	15,600
（商　品　評　価　損）（＊4）	11,600		

（＊1）@200円×510個＝102,000円

（＊2）@200円×（510個－490個）＝4,000円

（＊3）@180円×460個＋@120円×30個＝86,400円

（＊4）（@200円－@120円）× 30個＝2,400円
（@200円－@180円）×460個＝9,200円　} 11,600円

→ P/L期末商品棚卸高　102,000（＊1）

原　価@200

正味売却価額@180

正味売却価額@120

商品評価損　11,600（＊4）

B/S商　　品 86,400（＊3）

棚卸減耗損 4,000（＊2）

良品 460個　実地 490個　帳簿 510個

品質低下 30個

②　委託販売（期末一括法）

（単位：円）

（仕　　入）（＊1）	1,229,000	（積　送　品）	1,229,000
（積　送　品）（＊2）	39,000	（仕　　入）	39,000
（繰　延　積　送　諸　掛）（＊3）	1,000	（販　売　費）積送諸掛	1,000

（＊1）T/B積送品

（＊2）期末積送品

（＊3）未販売分に係る積送諸掛

4．売買目的有価証券

（単位：円）

（売買目的有価証券）（＊）	20,000	（有価証券評価益）	20,000

（＊）200,000円〈時価〉－180,000円〈取得原価〉＝20,000円

5．満期保有目的債券

（単位：円）

（満期保有目的債券）（＊）	1,000	（有価証券利息）	1,000

（＊）（180,000円〈額面金額〉－175,000〈取得原価〉）× $\frac{12か月}{60か月}$ ＝1,000円

∴　P/L有価証券利息：5,400円〈T/B〉＋1,000円＝6,400円

6．貸倒引当金の設定（差額補充法）

(1) 過年度発生債権の当期貸倒れ

（単位：円）

（貸倒引当金）	5,000	（売掛金）	5,000

(2) 貸倒引当金の設定

（単位：円）

（貸倒引当金繰入）（＊）	10,000	（貸倒引当金）	10,000

（＊）（150,000円〈T/B受取手形〉＋215,000円〈T/B売掛金〉－5,000円〈貸倒れ〉＋270,000円〈T/B積送未収金〉＋70,000円〈未処理〉）×２％＝14,000円〈設定額〉
14,000円－（9,000円〈T/B〉－5,000円〈貸倒れ〉）＝10,000円〈繰入額〉

7．減価償却費の計上

(1) 建　物

（単位：円）

（減価償却費）（＊）	36,000	（建物減価償却累計額）	36,000

（＊）1,200,000円×0.9÷30年＝36,000円

(2) 備　品

（単位：円）

（減価償却費）（＊）	50,000	（備品減価償却累計額）	50,000

（＊）400,000円×0.25×$\frac{6か月}{12か月}$＝50,000円

(2) 車　両

（単位：円）

（減価償却費）（＊）	54,000	（車両減価償却累計額）	54,000

（＊）500,000円×0.9×$\frac{12,000km}{100,000km}$＝54,000円

∴　P/L減価償却費：36,000円＋50,000円＋54,000円＝140,000円

8．経過勘定項目

（単位：円）

（未収収益）	1,200	（受取利息）	1,200
（前払費用）	2,000	（一般管理費）	2,000
（販売費）	1,600	（未払費用）	1,600

∴　P/L販売費：249,400円＋10,000円〈積送諸掛〉－1,000円〈繰延積送諸掛〉＋1,600円〈未払費用〉＝260,000円
P/L一般管理費：188,000円－2,000円〈前払費用〉＝186,000円
P/L受取利息：8,000円＋1,200円〈未収収益〉＝9,200円

9．法人税等の計上

（単位：円）

（法人税等）（＊1）	120,000	（仮払法人税等）	70,000
		（未払法人税等）（＊2）	50,000

（＊1）400,000円〈課税所得〉×30％＝120,000円〈法人税等〉
（＊2）120,000円〈法人税等〉－70,000円〈T/B仮払法人税等〉＝50,000円〈未払法人税等〉

問題7-5

決算整理後残高試算表　（単位：千円）

繰越商品	（ 2,750 ）	一般売上	（ 73,750 ）
積送品	（ 2,090 ）	積送品売上	（ 15,300 ）
繰延積送諸掛	（ 190 ）		
仕入	（ 44,400 ）		
積送諸掛	（ 750 ）		
棚卸減耗損	（ 120 ）		
商品評価損	（ 440 ）		

解答への道

1．仕入単価の計算と数量の整理

一般販売

期首手許	2,400個			
当期仕入	39,300個			
仕入戻し	△1,800個	当期売上	29,500個	←貸借差額
当期積送	△7,800個			
一般仕入	29,700個			←→前T/B仕入35,640
		期末手許	2,600個	

39,300個〈総仕入〉－1,800個〈返品〉－7,800個〈当期積送〉＝29,700個〈一般仕入〉（仕入勘定で処理されている商品の数量）
35,640千円〈前T/B仕入〉÷29,700個＝@1.2千円〈仕入単価〉

委託販売

期首積送	1,600個	当期売上	7,500個	←貸借差額
当期積送	7,800個	期末積送	1,900個	←2,280千円〈原価〉÷@1.2千円

2．売上原価（損益勘定の仕入）の計算
2,400個〈期首手許〉＋29,700個〈一般仕入〉－2,600個〈期末手許〉＝29,500個〈一般販売数量〉
1,600個〈期首積送品〉＋7,800個〈当期積送〉－1,900個〈期末積送品〉＝7,500個〈積送品販売数量〉
（29,500個＋7,500個）×@1.2千円＝44,400千円〈売上原価＝後T/B仕入〉

3．販売単価の計算
18,750千円〈諸掛控除前の積送品売上〉÷7,500個〈積送品販売数量〉＝@2.5千円〈販売単価〉

4．売上高の計算
29,500個〈一般販売数量〉×@2.5千円＝73,750千円〈一般売上〉
18,750千円〈積送品売上〉－3,450千円〈積送諸掛〉＝15,300千円〈手取金＝純額法による積送品売上〉

5．期末商品の評価
@1.2千円×（2,600個－2,500個）＝120千円〈棚卸減耗損〉
（@1.2千円－@1.1千円）×（2,500個＋1,900個）＝440千円〈商品評価損〉
@1.1千円×2,500個＝2,750千円〈後T/B繰越商品〉
@1.1千円×1,900個＝2,090千円〈後T/B積送品〉

6．積送諸掛の繰延べ

（単位：千円）

借方	金額	貸方	金額
（繰 延 積 送 諸 掛）（＊）	190	（積　送　諸　掛）	190

（＊）当期発送分780千円 × $\frac{1,900個}{7,800個}$ = 190千円〈未実現に対する積送諸掛〉

前T/B940千円 − 190千円 = 750千円〈後T/B積送諸掛〉

問題7-6

決算整理後残高試算表　（単位：円）

借方科目	金額	貸方科目	金額
売　掛　金	（ 20,800 ）	買　掛　金	（ 19,000 ）
積送売掛金	（ 17,487 ）	一般売上	（ 266,000 ）
商　品	（ 66,500 ）	積送品売上	（ 37,100 ）
積送品	（ 6,600 ）		
仕　入	（ 195,900 ）		
販売費	（ 66,113 ）		

解答への道

1．原価ボックス（数量および単価のみ）

一般販売および委託販売の原価ボックスを作成して，問題の資料を整理する。なお，以下の表中における○数字は，問題（資料2）4における該当番号となる。

売　価	取得原価	一般販売	一般販売	取得原価	売　価
	@300円	①期首100個	③積送 30個	@300円	
			⑥売上 70個	@300円	@500円
	@330円	⑤仕入300個	⑥売上150個	@330円	@500円
			⑧積送 60個	@330円	
			⑨売上 90個	@330円	@520円
	@350円	⑦仕入400個	⑨売上210個	@350円	@520円
			期末190個（＊1）	@350円	

（＊1）貸借差

指　値	取得原価	委託販売	委託販売	取得原価	指　値
	@300円	②期首 10個	④戻り 10個	@300円	@530円
@530円	@300円	③積送 30個	売上 30個（＊1）	@300円	@530円
@530円	@330円	⑧積送 60個	売上 40個（＊1）	@330円	@530円
			期末 20個（＊2）	@330円	@530円

（＊1）（資料2）5より

（＊2）貸借差

（注）委託販売の資料を整理すれば，上記のように指値がすべて@530円であることが判明する。

∴ 一般売上：@500円 × 220個 + @520円 × 300個 = 266,000円

∴ 仕入（売上原価）：@300円 × 70個 + @330円 × 150個 + @330円 × 90個 + @350円 × 210個 = 173,700円〈一般販売〉

@300円 × 30個 + @330円 × 40個 = 22,200円〈委託販売〉

173,700円 + 22,200円 = 195,900円

2．積送品の廃棄および積送品売上

商品売買関係について，以下の2つの仕訳以外は決算整理仕訳を含み省略している。

(1) 積送品の廃棄

（単位：円）

借方	金額	貸方	金額
（販　売　費）（＊）	3,000	（積　送　品）	3,000

（＊）@300円 × 10個 = 3,000円

(2) 積送品売上（未処理）

（単位：円）

借方	金額	貸方	金額
（積 送 売 掛 金）（＊3）	35,987	（積 送 品 売 上）（＊1）	37,100
（販　売　費）（＊2）	1,113		

（＊1）@530円〈指値〉× 70個 = 37,100円

（＊2）37,100円 × 3％ = 1,113円

（＊3）37,100円 − 1,113円 = 35,987円

∴ 販売費：62,000円 + 3,000円 + 1,113円 = 66,113円

3．売掛金（一般販売分）回収高の推定

売掛金（一般販売分）回収高の指示が問題資料にないため，期中に行っていた，**間違った処理**による売掛金勘定を作成し売掛金回収高を推定する。具体的には，一般販売については正しい処理を行い，委託販売については，積送時および返品時に指値により売掛金および売上を増減させる。

売　掛　金

借方	金額	貸方	金額
期首	31,300	積送戻り　（＊5）	5,300
積送　（＊1）	15,900	積送売掛金回収	25,000
一般売上　（＊2）	110,000	売掛金回収　（＊7）	270,000
積送　（＊3）	31,800	期末　（＊6）	44,700
一般販売　（＊4）	156,000		

（＊1）@530円〈指値〉× 30個 = 15,900円

（＊2）@500円〈売価〉× 220個 = 110,000円

（＊3）@530円〈指値〉× 60個 = 31,800円

（＊4）@520円〈売価〉× 300個 = 156,000円

（＊5）@530円〈指値〉× 10個 = 5,300円

（＊6）前T/Bより

（＊7）貸借差額

4．売掛金勘定

正しい処理による売掛金勘定を作成し売掛金期末残高を推定する。

売　掛　金

借方	金額	貸方	金額
期首	24,800	回収	270,000
売上　（＊1）	110,000	期末　（＊3）	20,800
売上　（＊2）	156,000		

（＊1）@500円〈売価〉× 220個 = 110,000円

（＊2）@520円〈売価〉× 300個 = 156,000円

（＊3）貸借差額

5．積送売掛金勘定

正しい処理による積送売掛金勘定を作成し積送売掛金期末残高を推定する。

積 送 売 掛 金

期首	6, 500	回収	25, 000
積送売上	35, 987	期末	（＊）17, 487

（＊）貸借差額

6．期末商品の評価

(1) 手許商品

@350円×190個＝66, 500円

(2) 積送品

@330円×20個＝6, 600円

問題7-7

損 益 計 算 書

自×2年4月1日 至×3年3月31日 （単位：円）

Ⅰ 売 上 高		
1．一 般 売 上 高	（ 670, 600 ）	
2．積 送 品 売 上 高	（ 229, 400 ）	（ 900, 000 ）
Ⅱ 売 上 原 価		
1．期首商品棚卸高	（ 32, 000 ）	
2．当期商品仕入高	（ 642, 000 ）	
合 計	（ 674, 000 ）	
3．期末商品棚卸高	（ 74, 000 ）	（ 600, 000 ）
売 上 総 利 益		（ 300, 000 ）

解答への道

1．各販売形態ごとの会計処理

(1) 一般販売…三分法

(2) 委託販売…期末一括法と仮定

2．商品別の原価ボックス

(1) A商品の原価ボックス

① 仕入単価の推定

第1回仕入単価をχとして方程式を作り推定を行う。

χ×7, 000個＋（χ－1円）×8, 000個＝457, 000円

（A商品の仕入合計457, 000円は，後述する各勘定の推定で求める）

∴ χ＝@31円〈第1回仕入分〉

∴ 31円－1円＝@30円〈第2回仕入分〉

② A商品の原価ボックス

先入先出法で処理するため，期末商品はすべて第2回仕入分から生じると考える。

A商品原価ボックス（先入先出法）

期 首 商 品	32, 000円		
第1回仕入分 (7, 000個)		売 上 原 価	447, 000円
@31円	（＊1）217, 000円	（貸借差額）	
第2回仕入分 (8, 000個)			
@30円	（＊2）240, 000円	期 末 商 品 (1, 400個)	
	457, 000円		（＊3）42, 000円

（＊1）7, 000個×@31円＝217, 000円 ｝457, 000円〈T／B仕入〉
（＊2）8, 000個×@30円＝240, 000円 ｝

457, 000円〈T／B仕入〉は，後述する仕入関係の勘定分析からでも求められる。

（＊3）@30円×1, 400個＝42, 000円

(2) B商品の原価ボックス

先入先出法で処理するため，期末商品はすべて第２回仕入分から生じると考える。

B商品原価ボックス（先入先出法）

借方		貸方	
期首商品	0円		
第１回仕入分 (5,000個) @21円	(＊１) 105,000円	売上原価 (7,400個)（貸借差額）	153,000円
第２回仕入分 (4,000個) @20円	(＊２) 80,000円	期末商品(＊３) (1,600個)	(＊４) 32,000円
	185,000円		

(＊１) 5,000個×@21円＝105,000円〈第１回仕入原価〉
(＊２) 4,000個×@20円＝ 80,000円〈第２回仕入原価〉 } 185,000円〈T／B積送品〉
(＊３) 5,000個＋4,000個－7,400個＝1,600個〈期末棚卸数量〉
(＊４) 1,600個×@20円＝32,000円〈期末商品棚卸高〉

∴ 期首商品棚卸高：32,000円〈前T/B繰越商品〉

∴ 当期商品仕入高：457,000円〈A商品〉＋185,000円〈B商品〉＝642,000円

∴ 期末商品棚卸高：42,000円〈A商品〉＋32,000円〈B商品〉＝74,000円

3．各勘定の推定

問題の資料から総勘定元帳を作成し，各金額を推定する。なお，以下の勘定の　　網掛け部分は，各勘定の貸借差額によって求めている箇所をさす。

(1) 売上関係の勘定分析

受取手形

借方		貸方	
前期繰越	24,500	現金預金	180,000
一般売上	80,500	次期繰越	20,000
売掛金	95,000		
	200,000		200,000

売掛金

借方		貸方	
前期繰越	80,500	受取手形	95,000
一般売上	590,100	現金預金	729,000
積送品売上(＊)	229,400	次期繰越	76,000
	900,000		900,000

(＊) 7,400個×(@36円－@５円)＝229,400円

∴ 一般売上高：80,500円〈受取手形〉＋590,100円〈売掛金〉＝670,600円

∴ 積送品売上高：7,400個×(@36円－@５円)＝229,400円

(2) 仕入関係の勘定分析

支払手形

借方		貸方	
現金預金	170,000	前期繰越	28,000
次期繰越	30,000	A商品仕入	77,000
		買掛金	95,000
	200,000		200,000

買掛金

借方		貸方	
支払手形	95,000	前期繰越	35,000
現金預金	465,000	A商品仕入	380,000
次期繰越	40,000	B商品仕入	(＊)185,000
	600,000		600,000

(＊) B商品原価ボックスより

∴ A商品仕入：77,000円〈支払手形〉＋380,000円〈買掛金〉＝457,000円

Theme 08 試用販売

問題8-1

損益計算書　（単位：円）

Ⅰ 売上高		
1．一般売上高	(600,000)	
2．試用品売上高	(250,000)	(850,000)
Ⅱ 売上原価		
1．期首商品棚卸高	(180,000)	
2．当期商品仕入高	(650,000)	
合計	(830,000)	
3．期末商品棚卸高	(190,000)	(640,000)
売上総利益		(210,000)

貸借対照表　（単位：円）

商品	(190,000)	

解答への道

1．決算整理前残高試算表の意味

決算整理前残高試算表　（単位：円）

期首手許商品原価→	繰越商品	100,000	一般売上	600,000
期首試用品原価＋試用仕入→	試用品	230,000	試用品売上	250,000
一般仕入→	仕入	500,000		

2．売上原価の計算

原価ボックスにより，売上原価を計算する。なお，手許商品区分法では，一般商品販売の売上原価と試用品販売の売上原価を２つの原価ボックスに分けて計算する。

一般

借方		貸方	
T/B繰越商品	100,000	一般売上原価	480,000 ←×0.8― T/B一般売上600,000
T/B仕入	500,000	期末手許商品	120,000 ←― 貸借差額

試用

期首試用品原価 80,000	試用売上原価 160,000
試用仕入（差額） 150,000	期末試用品原価 70,000

T/B試用品 230,000

160,000 ← $\times\frac{0.8}{1.25}$ ― T/B試用売上250,000

70,000 ← 貸借差額

上記の２つの原価ボックスを合計して，損益計算書上の売上原価を計算する。

（単位：円）

	一般販売	試用品販売	合計
期首商品棚卸高	100,000	80,000	180,000
当期商品仕入高	500,000	150,000	650,000
期末商品棚卸高	△ 120,000	△ 70,000	△ 190,000
売上原価	480,000	160,000	640,000

決算整理仕訳を示すと次のようになる。

(1) 手許商品

（単位：円）

（仕入）	100,000	（繰越商品）	100,000
（繰越商品）	120,000	（仕入）	120,000

(2) 試用品

（単位：円）

（仕入）	230,000	（試用品）（＊1）	230,000
（試用品）（＊2）	70,000	（仕入）	70,000

（＊1）T/B試用品（期首試用品原価＋試用仕入）
（＊2）期末試用品原価

問題8-2

損益計算書　（単位：円）

Ⅰ 売上高		
1．一般売上高	（ 800,000 ）	
2．試用品売上高	（ 600,000 ）	（ 1,400,000 ）
Ⅱ 売上原価		
1．期首商品棚卸高	（ 90,000 ）	
2．当期商品仕入高	（ 1,110,000 ）	
合計	（ 1,200,000 ）	
3．期末商品棚卸高	（ 140,000 ）	
差引	（ 1,060,000 ）	
4．（商品評価損）	（ 20,200 ）	（ 1,080,200 ）
売上総利益		（ 319,800 ）
Ⅲ 販売費及び一般管理費		
1．貸倒引当金繰入	（ 8,000 ）	
2．（棚卸減耗損）	（ 1,600 ）	（ 9,600 ）
営業利益		（ 310,200 ）

貸借対照表　（単位：円）

売掛金	（ 500,000 ）		
貸倒引当金	（ 10,000 ）	（ 490,000 ）	
商品		（ 118,200 ）	

解答への道

1．決算整理前残高試算表の意味

決算整理前残高試算表　（単位：円）

	売掛金	500,000	貸倒引当金	2,000
期首手許商品原価→	繰越商品	50,000	一般売上	800,000
期末試用品原価→	試用品	60,000	試用品売上	600,000
→	仕入	1,090,000		

仕入 ← 一般仕入＋試用品売上原価

2．売上原価の計算

原価ボックスにより，売上原価を計算する。なお，手許商品区分法では，一般商品販売の売上原価と試用品販売の売上原価を２つの原価ボックスに分けて計算する。

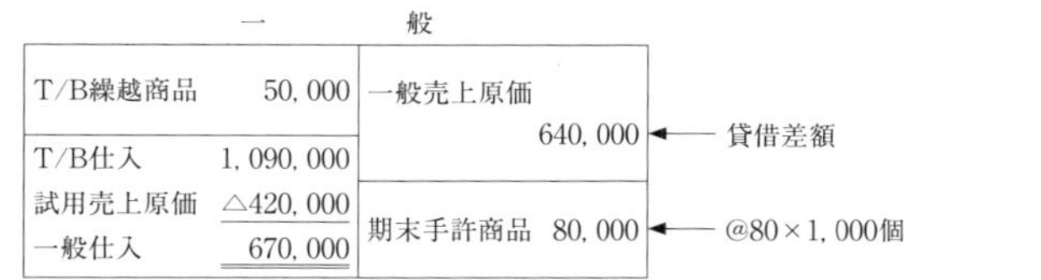

試　　　用

期首試用品原価 40, 000	試用売上原価 420, 000 ← 前T/B試用品売上600, 000×0. 7
試用仕入（貸借差額）440, 000	期末試用品原価 前T/B試用品60, 000

上記の２つの原価ボックスを合計して，損益計算書上の売上原価を計算する（商品評価損加算前）。

（単位：円）

	一 般 販 売	試用品販売	合　　計
期首商品棚卸高	50, 000	40, 000	90, 000
当期商品仕入高	670, 000	440, 000	1, 110, 000
期末商品棚卸高	△ 80, 000	△ 60, 000	△ 140, 000
売　上　原　価	640, 000	420, 000	1, 060, 000

決算整理仕訳を示すと次のようになる。

(1)　手許商品

（単位：円）

借方科目	金額	貸方科目	金額
（仕　　　入）	50, 000	（繰 越 商 品）	50, 000
（繰 越 商 品）（＊1）	80, 000	（仕　　　入）	80, 000
（棚 卸 減 耗 損）（＊2）	1, 600	（繰 越 商 品）	21, 800
（商 品 評 価 損）（＊3）	20, 200		

P/L期末商品棚卸高　80, 000（＊1）

@80　@60　@40

商品評価損　20, 200（＊3）

棚卸減耗損　1, 600（＊2）

B/S 商 品　58, 200（＊4）

良品 950個　実地 980個　帳簿 1, 000個

品質低下品 30個

（＊1）@80円×1, 000個＝80, 000円

（＊2）(1, 000個－980個)×@80円＝1, 600円

（＊3）(@80円－@40円)×　30個＝　1, 200円
　　　(@80円－@60円)×950個＝19, 000円 } 20, 200円

（＊4）@60円×950個＋@40円×30個＝58, 200円

(2)　試用品

（単位：円）

借方科目	金額	貸方科目	金額
（仕　　　入）	60, 000	（試 用 品）（＊）	60, 000
（試 用 品）（＊）	60, 000	（仕　　　入）	60, 000

（＊）期末試用品原価

3．貸倒引当金の計上

（単位：円）

借方科目	金額	貸方科目	金額
（貸倒引当金繰入）（＊）	8, 000	（貸 倒 引 当 金）	8, 000

（＊）500, 000円〈T/B売掛金〉×２％＝10, 000円〈設定額〉
　　10, 000円〈設定額〉－2, 000円〈T/B貸倒引当金〉＝8, 000円〈繰入額〉

問題8-3

損益計算書（単位：円）

Ⅰ 売上高		
1．一般売上高	（ 924,000 ）	
2．試用品売上高	（ 72,600 ）	（ 996,600 ）
Ⅱ 売上原価		
1．期首商品棚卸高	（ 52,000 ）	
2．当期商品仕入高	（ 763,500 ）	
合計	（ 815,500 ）	
3．期末商品棚卸高	（ 73,000 ）	
差引	（ 742,500 ）	
4．商品評価損	（ 1,440 ）	（ 743,940 ）
売上総利益		（ 252,660 ）
Ⅲ 販売費及び一般管理費		
1．貸倒引当金繰入	（ 4,000 ）	
2．（棚卸減耗損）	（ 1,000 ）	（ 5,000 ）
営業利益		（ 247,660 ）

貸借対照表（単位：円）

売掛金	（ 300,000 ）		
貸倒引当金	（ 6,000 ）	（ 294,000 ）	
商品		（ 70,560 ）	

解答への道

1．決算整理前残高試算表の意味（ただし，未処理事項は修正前）

決算整理前残高試算表（単位：円）

	売掛金	293,400	貸倒引当金	2,000
期首手許商品原価→	繰越商品	46,000	一般売上	924,000
期首試用品原価→	試用品	6,000	試用品売上	66,000
期末試用品売価→	試用未収金	33,000	試用仮売上	33,000 ←期末試用品売価
一般仕入＋試用仕入→	仕入	763,500		

2．試用品売上の計上

決算日に買取りの意思表示を受けた試用品の売上を計上するとともに，対照勘定を取り消す。

（単位：円）

（売掛金）	6,600	（試用品売上）	6,600
（試用仮売上）	6,600	（試用未収金）	6,600

上記の仕訳の結果，試用品売上高は，66,000円〈整理前T/B試用品売上〉＋6,600円＝72,600円となり，対照勘定残高（期末試用品売価）は，33,000円〈整理前T/B〉－6,600円＝26,400円となる。

3．売上原価の計算

原価ボックスにより，売上原価を計算する。

一般＋試用

借方		貸方		
T/B繰越商品	46,000	一般売上原価	A	←→ 924,000〈一般売上〉 ＝ 924,000
T/B試用品	6,000	試用売上原価	B	←→ 72,600〈試用売上〉（修正後）÷1.1＝ 66,000
T/B仕入（一般仕入＋試用仕入）	763,500	期末手許商品	55,000	
		期末試用品	C	←→ 26,400〈対照勘定〉（修正後）÷1.1＝ 24,000
	815,500		815,500	1,014,000

A ＋ B ＋ C ＝815,500円－55,000円＝760,500円

$$\therefore \frac{760,500円}{1,014,000円}=0.75〈一般原価率〉$$

決算整理仕訳を示すと次のようになる。

(1) 手許商品

（単位：円）

（仕入）	46,000	（繰越商品）	46,000
（繰越商品）	55,000	（仕入）	55,000
（棚卸減耗損）（＊1）	1,000	（繰越商品）	2,080
（商品評価損）（＊2）	1,080		

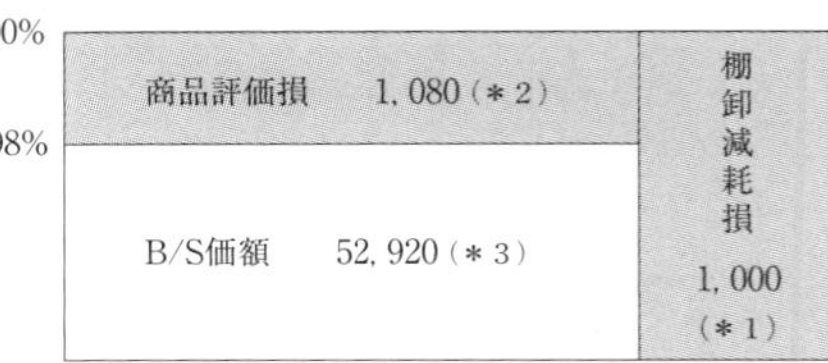

（＊1）55,000円－54,000円＝1,000円
（＊2）54,000円×2％＝1,080円
（＊3）54,000円×98％＝52,920円

(2) 試用品

(単位：円)

借方科目		金額	貸方科目	金額
(仕入)		6,000	(試用品)	6,000
(試用品)	(＊1)	18,000	(仕入)	18,000
(商品評価損)	(＊2)	360	(試用品)	360

(＊1) 26,400円〈対照勘定(修正後)〉÷ 1.1 × 0.75 = 18,000円〈期末試用品原価〉

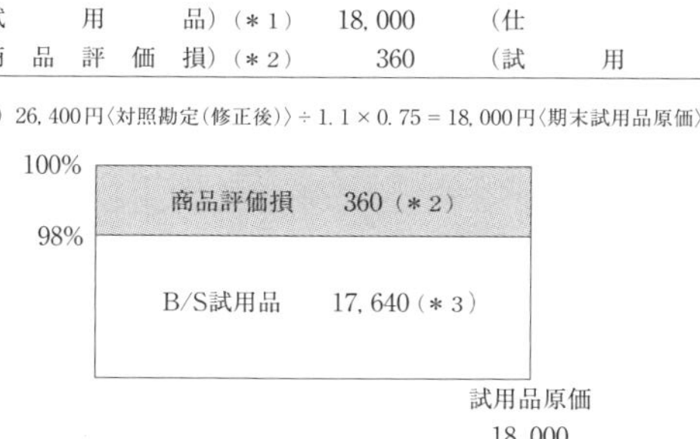

(＊2) 18,000円 × 2％ = 360円
(＊3) 18,000円 × 98％ = 17,640円

4．貸倒引当金の計上

(単位：円)

借方科目		金額	貸方科目	金額
(貸倒引当金繰入)	(＊)	4,000	(貸倒引当金)	4,000

(＊) (293,400円〈前T/B売掛金〉+ 6,600円〈未処理〉) × 2% = 6,000円〈設定額〉
　6,000円〈設定額〉− 2,000円〈前T/B貸倒引当金〉= 4,000円〈繰入額〉

Theme 09 未着品販売

問題9-1

損益計算書　(単位：円)

Ⅰ 売上高		
1．一般売上高	(660,000)	
2．未着品売上高	(184,000)	(844,000)
Ⅱ 売上原価		
1．期首商品棚卸高	(154,000)	
2．当期商品仕入高	(630,000)	
合計	(784,000)	
3．期末商品棚卸高	(128,000)	(656,000)
売上総利益		(188,000)

貸借対照表　(単位：円)

商品	(128,000)	

解答への道

1．決算整理前残高試算表の意味

決算整理前残高試算表　(単位：円)

	借方科目	金額	貸方科目	金額
期首手許商品原価→	繰越商品	144,000	一般売上	660,000
期首未着品原価＋未着仕入→	未着品	160,000	未着品売上	184,000
一般仕入→	仕入	480,000		

2．売上原価の計算

原価ボックスにより，売上原価を計算する。手許商品区分法では，一般商品販売の売上原価と未着品販売の売上原価を2つの原価ボックスに分けて計算する。

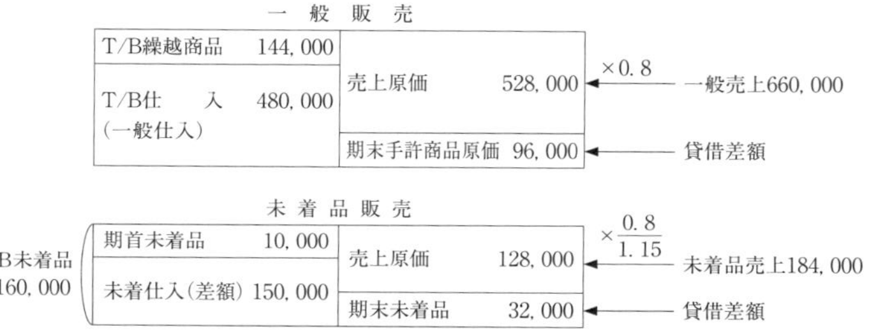

上記の２つの原価ボックスを合計して，損益計算書上の売上原価を計算する。

（単位：円）

	一 般 販 売	未着品販売	合　　計
期首商品棚卸高	144,000	10,000	154,000
当期商品仕入高	480,000	150,000	630,000
期末商品棚卸高	△ 96,000	△ 32,000	△ 128,000
売 上 原 価	528,000	128,000	656,000

３．決算整理仕訳

(1) 手許商品の整理

（単位：円）

（仕　　　入）	144,000	（繰 越 商 品）	144,000
（繰 越 商 品）	96,000	（仕　　　入）	96,000

(2) 未着品の整理

（単位：円）

（仕　　　入）	160,000	（未　着　品）（＊１）	160,000
（未　着　品）（＊２）	32,000	（仕　　　入）	32,000

（＊１）前T/B未着品＝期首未着品原価＋未着仕入
（＊２）期末未着品原価

繰　越　商　品

前T/B	144,000	期首手許商品	144,000
期末手許商品	96,000	後T/B	96,000

未　着　品

前T/B	160,000	期首＋当期	160,000
期末未着品	32,000	後T/B	32,000

仕　　入

前T/B仕入（一般仕入）	480,000	期末手許商品	96,000
		期末未着品	32,000
期首手許商品	144,000	後T/B（売上原価）	656,000
期首＋当期	160,000		

問題9-2

損　益　計　算　書　　（単位：円）

Ⅰ 売　上　高		
1．一 般 売 上 高	（ 660,000 ）	
2．未着品売上高	（ 184,000 ）	（ 844,000 ）
Ⅱ 売　上　原　価		
1．期首商品棚卸高	（ 154,000 ）	
2．当期商品仕入高	（ 630,000 ）	
合　計	（ 784,000 ）	
3．期末商品棚卸高	（ 128,000 ）	（ 656,000 ）
売 上 総 利 益		（ 188,000 ）

貸　借　対　照　表　　（単位：円）

商　　品 （ 128,000 ）	

解答への道

１．決算整理前残高試算表の意味

決算整理前残高試算表　　（単位：円）

期首手許商品原価→	繰 越 商 品	144,000	一 般 売 上	660,000
期末未着品原価→	未　着　品	32,000	未着品売上	184,000
一般仕入＋未着品売上原価→	仕　　入	608,000		

２．売上原価の計算

原価ボックスにより，売上原価を計算する。手許商品区分法では，一般商品販売の売上原価と未着品販売の売上原価を２つの原価ボックスに分けて計算する。

一　般　販　売

T/B繰越商品	144,000	売上原価	528,000 ←×0.8― 一般売上660,000
T/B仕　入 608,000 未着品売上原価 △128,000 一般仕入	480,000	手許期末商品原価	96,000 ←― 貸借差額

（注）その都度法では，販売のつど未着品販売の売上原価が仕入勘定へ振り替えられているため，一般販売の売上原価の計算上，控除する。

未　着　品　販　売

期首未着品	10,000	売上原価	128,000 ←― 未着品売上184,000÷1.15×0.8
未着仕入（差額）	150,000	期末未着品	32,000

上記の２つの原価ボックスを合計して，損益計算書上の売上原価を計算する。

（単位：円）

	一般販売	未着品販売	合計
期首商品棚卸高	144,000	10,000	154,000
当期商品仕入高	480,000	150,000	630,000
期末商品棚卸高	△ 96,000	△ 32,000	△ 128,000
売上原価	528,000	128,000	656,000

3．決算整理仕訳

(1) 手許商品の整理

（単位：円）

（仕入）	144,000	（繰越商品）	144,000
（繰越商品）	96,000	（仕入）	96,000

(2) 未着品の整理

（単位：円）

（仕入）	32,000	（未着品）（＊）	32,000
（未着品）（＊）	32,000	（仕入）	32,000

（＊）期末未着品原価

繰越商品

前T/B	144,000	期首手許商品	144,000
期末手許商品	96,000	後T/B	96,000

未着品

前T/B	32,000	期末未着品	32,000
期末未着品	32,000	後T/B	32,000

仕入

前T/B（一般仕入＋未着品売上原価）	608,000	期末手許商品	96,000
		期末未着品	32,000
期首手許商品	144,000	後T/B（売上原価）	656,000
期末未着品	32,000		

総合問題

総合問題1

決算整理後残高試算表

×5年3月31日　（単位：千円）

借方科目	金額	貸方科目	金額
現金預金	（319,230）	支払手形	（185,300）
受取手形	（247,000）	買掛金	（172,900）
売掛金	（202,000）	未払法人税等	（15,000）
有価証券	（45,000）	未払費用	（3,400）
繰越商品	（59,250）	退職給付引当金	（800,000）
未収収益	（2,800）	長期借入金	（200,000）
未収入金	（178,750）	貸倒引当金	（8,980）
建物	（900,000）	建物減価償却累計額	（330,000）
備品	（400,000）	備品減価償却累計額	（231,250）
土地	（1,250,000）	資本金	（1,500,000）
長期貸付金	（200,000）	資本準備金	（150,000）
仕入	（412,700）	利益準備金	（84,000）
棚卸減耗損	（4,200）	繰越利益剰余金	（18,200）
商品評価損	（3,750）	売上	（948,200）
販売費及び一般管理費	（146,050）	受取利息	（10,500）
貸倒引当金繰入	（1,000）	有価証券売却益	（1,000）
減価償却費	（142,500）	備品売却益	（10,000）
退職給付費用	（102,000）		
支払利息	（5,000）		
有価証券評価損	（2,500）		
法人税等	（45,000）		
	（4,668,730）		（4,668,730）

解答への道

1．商品売買等

(1) 期中処理

（資料２）1(1) 手形の受入れによる売上高

（単位：千円）

借方	金額	貸方	金額
(受取手形)	352,000	(売上)	352,000

（資料２）1(1) 約束手形の振出しによる仕入高

（単位：千円）

借方	金額	貸方	金額
(仕入)	175,000	(支払手形)	175,000

（資料２）1(2) 現金預金による売掛金回収高

（単位：千円）

借方	金額	貸方	金額
(現金預金)	382,200	(売掛金)	382,200

（資料２）1(2) 手形の受入れによる売掛金回収高

（単位：千円）

借方	金額	貸方	金額
(受取手形)	248,000	(売掛金)	248,000

∴ 売掛金勘定（解説１．(2)②参照）の貸借差額

（単位：千円）

借方	金額	貸方	金額
(売掛金)	596,200	(売上)	596,200

（資料２）1(3) 現金預金による買掛金支払高

（単位：千円）

借方	金額	貸方	金額
(買掛金)	151,000	(現金預金)	151,000

（資料２）1(3) 約束手形の振出しによる買掛金支払高

（単位：千円）

借方	金額	貸方	金額
(買掛金)	58,000	(支払手形)	58,000

∴ 買掛金勘定（解説1(3)②参照）の貸借差額

（単位：千円）

借方	金額	貸方	金額
(仕入)	249,900	(買掛金)	249,900

（資料２）1(4) 受取手形の取立高

（単位：千円）

借方	金額	貸方	金額
(現金預金)	516,000	(受取手形)	516,000

（資料２）1(4) 支払手形の決済高

（単位：千円）

借方	金額	貸方	金額
(支払手形)	212,500	(現金預金)	212,500

(2) 売上関係の勘定分析

① 受取手形勘定

受取手形

借方	金額	貸方	金額
期首残高	163,000	現金預金(＊3)	516,000
売上(＊1)	352,000		
売掛金(＊2)	248,000	期末残高(＊4)	247,000

(＊1)（資料２）1(1)より
(＊2)（資料２）1(2)より
(＊3)（資料２）1(4)より
(＊4) 貸借差額(後T/B)

② 売掛金勘定

売掛金

借方	金額	貸方	金額
期首残高	236,000	現金預金(＊1)	382,200
売上(＊4)	596,200	受取手形(＊2)	248,000
		期末残高(＊3)	202,000

(＊1)（資料２）1(2)より
(＊2)（資料２）1(2)より
(＊3)（資料２）1(2)より
(＊4) 貸借差額(後T/B)

③ 売上勘定

売上

借方	金額	貸方	金額
売上高(＊3)	948,200	受取手形(＊1)	352,000
		売掛金(＊2)	596,200

(＊1)（資料２）1(1)より
(＊2) 売掛金勘定より
(＊3) 352,000千円＋596,200千円
＝948,200千円(後T/B)

(3) 仕入関係の勘定分析

① 支払手形勘定

支払手形

借方	金額	貸方	金額
現金預金(＊3)	212,500	期首残高	164,800
		仕入(＊1)	175,000
期末残高(＊4)	185,300	買掛金(＊2)	58,000

(＊1)（資料２）1(1)より
(＊2)（資料２）1(3)より
(＊3)（資料２）1(4)より
(＊4) 貸借差額(後T/B)

② 買掛金勘定

買掛金

借方	金額	貸方	金額
現金預金(＊1)	151,000	期首残高	132,000
支払手形(＊2)	58,000	仕入(＊4)	249,900
期末残高(＊3)	172,900		

(＊1)（資料２）1(3)より
(＊2)（資料２）1(3)より
(＊3)（資料２）1(3)より
(＊4) 貸借差額(後T/B)

③ 仕入勘定

仕入

借方	金額	貸方	金額
支払手形(＊1)	175,000	仕入高(＊3)	424,900
買掛金(＊2)	249,900		

(＊1)（資料２）1(1)より
(＊2) 買掛金勘定より
(＊3) 175,000千円＋249,900千円＝424,900千円

(4) 決算整理～ 売上原価および棚卸減耗損，商品評価損の計算

① 期末商品棚卸高の単価の計算（先入先出法）

原価ボックス（個数）

期首商品	400個	売上原価（＊）	2, 955個
当期仕入	3, 035個		
		期末商品	480個

（＊）400個＋3, 035個－480個＝2, 955個

∴ 期末商品の仕入単価：424, 900千円〈当期仕入〉÷3, 035個＝@140千円

② 決算整理～ 売上原価の計算

原価ボックス

期首商品（＊1）	55, 000	売上原価（＊4）	412, 700
当期仕入（＊2）	424, 900	(後T/B仕入)	
		期末商品（＊3）	67, 200

（＊1）前期末商品
（＊2）仕入勘定より
（＊3）480個×@140千円＝67, 200千円
（＊4）貸借差額

（単位：千円）

（仕　　　　　入）（＊1）	55, 000	（繰　越　商　品）	55, 000
（繰　越　商　品）（＊3）	67, 200	（仕　　　　　入）	67, 200

③ 商品の評価

単価
期末商品帳簿棚卸高（＊1）67, 200
原価@140
商品評価損（＊5） 3, 750
正味売却価額（＊3）@135
繰越商品（＊6） 59, 250
正味売却価額（＊4）@ 60
棚卸減耗損（＊2） 4, 200
数量
430個〈良品数量〉　450個〈実地数量〉　480個〈帳簿数量〉

（＊1）480個×@140千円〈原価〉＝67, 200千円
（＊2）（480個－450個）×@140千円＝4, 200千円
（＊3）@150千円〈売価〉－@15千円〈見積販売直接経費〉＝@135千円〈正味売却価額〉
（＊4）@75千円〈売価〉－@15千円〈見積販売直接経費〉＝@60千円〈正味売却価額〉
（＊5）（450個－430個）×（@140千円－@60千円）＝1, 600千円
　　　（@140千円－@135千円）×430個＝2, 150千円 } 3, 750千円〈商品評価損〉
（＊6）（450個－430個）×@60千円＝1, 200千円
　　　430個×@135千円＝58, 050千円 } 59, 250千円〈後T/B繰越商品〉

（単位：千円）

（棚　卸　減　耗　損）（＊2）	4, 200	（繰　越　商　品）	7, 950
（商　品　評　価　損）（＊5）	3, 750		

2．一般債権 ～ 貸倒引当金の設定（貸倒実績率法・差額補充法）

（単位：千円）

（貸倒引当金繰入）（＊）	1, 000	（貸　倒　引　当　金）	1, 000

（＊）（247, 000千円〈当期末受取手形〉＋202, 000千円〈当期末売掛金〉）×2％
　　＝8, 980千円〈設定額＝後T/B貸倒引当金〉
　　8, 980千円－7, 980千円〈前期末貸倒引当金〉＝1, 000千円〈繰入額〉

3．売買目的有価証券

(1) 購　入

（単位：千円）

（有　価　証　券）（＊）	95, 000	（現　金　預　金）	95, 000

（＊）100株×@950千円＝95, 000千円

(2) 売　却

（単位：千円）

（現　金　預　金）	48, 500	（有　価　証　券）（＊1）	47, 500
		（有価証券売却益）（＊2）	1, 000

（＊1）50株×@950千円＝47, 500千円
（＊2）貸借差額

(3) 評価替え

（単位：千円）

（有価証券評価損）（＊）	2, 500	（有　価　証　券）	2, 500

（＊）（100株－50株）×@950千円＝47, 500千円〈取得原価〉
　　（100株－50株）×@900千円＝45, 000千円〈時価＝後T/B有価証券〉
　　45, 000千円〈時価〉－47, 500千円〈取得原価〉＝△2, 500千円〈評価損〉

4．固定資産

(1) 建　物

（単位：千円）

（減　価　償　却　費）（＊）	30, 000	（建物減価償却累計額）	30, 000

（＊）900, 000千円÷30年＝30, 000千円

∴ 後T/B建物減価償却累計額：300, 000千円〈前期末〉＋30, 000千円＝330, 000千円

(2) 備　品

① 売却分

（単位：千円）

（備品減価償却累計額）（＊2）	175, 000	（備　　　　　品）（＊1）	400, 000
（減　価　償　却　費）（＊3）	56, 250	（備　品　売　却　益）（＊4）	10, 000
（未　収　入　金）	178, 750		

（＊1）800, 000千円×$\frac{1}{2}$＝400, 000千円〈売却分備品〉
（＊2）350, 000千円×$\frac{1}{2}$＝175, 000千円〈売却分備品減価償却累計額（前期末）〉
（＊3）（400, 000千円－175, 000千円）×25％＝56, 250千円〈売却分に対する減価償却費〉
（＊4）貸借差額

∴ 後T/B備品：800, 000千円〈前期末〉－400, 000千円＝400, 000千円

② 保有分

（単位：千円）

（減価償却費）（＊3）	56, 250	（備品減価償却累計額）	56, 250

（＊1）800, 000千円×$\frac{1}{2}$＝400, 000千円〈保有分備品〉

（＊2）350, 000千円×$\frac{1}{2}$＝175, 000千円〈保有分備品減価償却累計額（前期末）〉

（＊3）（400, 000千円－175, 000千円）×25％＝56, 250千円〈保有分に対する減価償却費〉

∴　後T/B備品減価償却累計額：350, 000千円〈前期末〉－175, 000千円＋56, 250千円＝231, 250千円

∴　後T/B減価償却費：30, 000千円〈建物〉＋56, 250千円〈備品売却分〉＋56, 250千円〈備品保有分〉
＝142, 500千円

5．退職給付

（単位：千円）

（退職給付引当金）	182, 000	（現金預金）	182, 000
（退職給付費用）	102, 000	（退職給付引当金）	102, 000

∴　後T/B退職給付引当金：880, 000千円〈前期末〉－182, 000千円＋102, 000千円＝800, 000千円

6．長期貸付金

(1)　貸付時

（単位：千円）

（長期貸付金）	200, 000	（現金預金）	200, 000

(2)　利払時および決算時

×4年 4/1 期首　×4年 5/1 契約日 ←〔6か月〕→ ×4年 10/31 利払日 ←〔5か月〕→ ×5年 3/31 決算日

$200,000千円 \times 3\% \times \frac{6か月}{12か月}$
＝3, 000千円

$200,000千円 \times 3\% \times \frac{5か月}{12か月}$
＝2, 500千円〈未収収益〉

（単位：千円）

（現金預金）	3, 000	（受取利息）	3, 000
（未収収益）	2, 500	（受取利息）	2, 500

7．長期借入金

(1)　借入時

（単位：千円）

（現金預金）	200, 000	（長期借入金）	200, 000

(2)　利払時および決算時

×4年 4/1 期首　×4年 6/1 契約日 ←〔6か月〕→ ×4年 11/30 利払日 ←〔4か月〕→ ×5年 3/31 決算日

$200,000千円 \times 3\% \times \frac{6か月}{12か月}$
＝3, 000千円

$200,000千円 \times 3\% \times \frac{4か月}{12か月}$
＝2, 000千円〈未払費用〉

（単位：千円）

（支払利息）	3, 000	（現金預金）	3, 000
（支払利息）	2, 000	（未払費用）	2, 000

∴　後T/B支払利息：3, 000千円＋2, 000千円＝5, 000千円

8．利益剰余金の配当

(1)　株主総会の決議時

（単位：千円）

（繰越利益剰余金）	44, 000	（利益準備金）（＊）	4, 000
		（未払配当金）	40, 000

（＊）1, 500, 000千円〈資本金〉×$\frac{1}{4}$－（150, 000千円〈資本準備金〉＋80, 000千円〈利益準備金〉）＝145, 000千円〈積立可能額〉

40, 000千円〈配当金〉×$\frac{1}{10}$＝4, 000千円〈要積立額〉

145, 000千円＞4, 000千円　∴　4, 000千円

∴　後T/B利益準備金：80, 000千円〈前期末〉＋4, 000千円＝84, 000千円

∴　後T/B繰越利益剰余金：62, 200千円〈前期末〉－44, 000千円＝18, 200千円

(2)　配当金の支払時

（単位：千円）

（未払配当金）	40, 000	（現金預金）	40, 000

9．販売費及び一般管理費

(1)　期首 ～ 再振替仕訳

（単位：千円）

（未払費用）	1, 000	（販売費及び一般管理費）	1, 000

(2)　販売費及び一般管理費の支払時

（単位：千円）

（販売費及び一般管理費）	145, 650	（現金預金）	145, 650

(3) 決算整理 ～ 未払費用の計上

（単位：千円）

（販売費及び一般管理費）	1,400	（未払費用）	1,400

∴ 後T/B販売費及び一般管理費：△1,000千円＋145,650千円＋1,400千円＝146,050千円

∴ 後T/B未払費用：1,000千円〈前期末〉－1,000千円＋1,400千円＋2,000千円〈借入金に対する分〉
＝3,400千円

10. 受取利息

(1) 期首 ～ 再振替仕訳

（単位：千円）

（受取利息）	500	（未収収益）	500

(2) 利息の受取時

（単位：千円）

（現金預金）	5,200	（受取利息）	5,200

(3) 決算整理 ～ 未収収益の計上

（単位：千円）

（未収収益）	300	（受取利息）	300

∴ 後T/B受取利息：△500千円＋5,200千円＋300千円＋3,000千円〈貸付金に対する分〉
＋2,500千円〈貸付金に対する分〉＝10,500千円

∴ 後T/B未収収益：500千円〈前期末〉－500千円＋300千円＋2,500千円〈貸付金に対する分〉
＝2,800千円

11. 法人税等

(1) 期中処理 ～ 納付時

（単位：千円）

（未払法人税等）（＊1）	30,000	（現金預金）	60,000
（仮払法人税等）（＊2）	30,000		

（＊1）前期末の未払法人税等
（＊2）貸借差額

(2) 決算整理 ～ 法人税等の計上

（単位：千円）

（法人税等）（＊1）	45,000	（仮払法人税等）	30,000
		（未払法人税等）（＊2）	15,000

（＊1）150,000千円〈課税所得〉×30％〈税率〉＝45,000千円
（＊2）45,000千円－30,000千円＝15,000千円

12. 現金預金勘定

現金預金

期首残高	253,480	買掛金支払高	151,000
売掛金回収高	382,200	支払手形決済高	212,500
受取手形取立高	516,000	有価証券購入高	95,000
有価証券売却高	48,500	退職金の支払高	182,000
貸付金に対する利息の受取高	3,000	長期貸付金の貸付高	200,000
長期借入金の借入高	200,000	借入金に対する利息の支払高	3,000
預金に対する利息の受取高	5,200	配当金の支払高	40,000
		販売費及び一般管理費の支払高	145,650
		法人税等納付高	60,000
		期末残高（＊）	319,230

（＊）貸借差額

総合問題2

決算整理後残高試算表

×5年3月31日（単位：千円）

借方科目	金額	貸方科目	金額
現金預金	(274,420)	支払手形	(330,000)
受取手形	(327,000)	買掛金	(205,000)
売掛金	(333,000)	未払法人税等	(35,000)
繰越商品	(53,200)	未払費用	(6,000)
未収収益	(5,700)	貸倒引当金	(13,200)
建物	(1,200,000)	退職給付引当金	(590,000)
備品	(600,000)	長期借入金	(300,000)
車両	(200,000)	建物減価償却累計額	(440,000)
土地	(1,000,000)	備品減価償却累計額	(262,500)
長期貸付金	(300,000)	車両減価償却累計額	(20,000)
満期保有目的債券	(291,000)	資本金	(2,000,000)
仕入	(840,000)	資本準備金	(140,000)
棚卸減耗損	(1,500)	利益準備金	(125,000)
商品評価損	(5,300)	繰越利益剰余金	(25,180)
販売費及び一般管理費	(161,500)	売上	(1,385,200)
貸倒引当金繰入	(2,960)	受取利息	(18,000)
減価償却費	(172,500)	有価証券利息	(24,000)
退職給付費用	(96,000)		
支払利息	(10,000)		
法人税等	(45,000)		
	(5,919,080)		(5,919,080)

解答への道

1．商品売買等

(1) 期中～売上関係

① 仕訳

（単位：千円）

借方	金額	貸方	金額
(現金預金)	200,000	(売上)	200,000
(現金預金)	728,700	(受取手形)	728,700
(現金預金)	308,500	(売掛金)	308,500
(受取手形)	502,700	(売上)	502,700
(受取手形)	328,000	(売掛金)	328,000
(売掛金)(*)	682,500	(売上)	682,500

(*) 売掛金勘定の貸借差額

② 勘定分析

受取手形

借方	金額	貸方	金額
期首残高(*1)	225,000	現金預金	728,700
売上	502,700		
売掛金	328,000	後T/B	327,000

(*1) 220,500〈前期末B/S残高〉+ 4,500〈貸倒引当金〉

売掛金

借方	金額	貸方	金額
期首残高(*2)	287,000	現金預金	308,500
売上	682,500	受取手形	328,000
		後T/B	333,000

(*2) 281,260〈前期末B/S残高〉+ 5,740〈貸倒引当金〉

売上

借方	金額	貸方	金額
後T/B	1,385,200	現金預金	200,000
		受取手形	502,700
		売掛金	682,500

(2) 期中～仕入関係

① 仕訳

（単位：千円）

借方	金額	貸方	金額
(仕入)	130,000	(現金預金)	130,000
(支払手形)	291,000	(現金預金)	291,000
(買掛金)	235,000	(現金預金)	235,000
(仕入)	273,000	(支払手形)	273,000
(買掛金)	123,000	(支払手形)	123,000
(仕入)	345,000	(買掛金)(*)	345,000

(*) 買掛金勘定の貸借差額

② 勘定分析

支払手形

借方	金額	貸方	金額
現金預金	291,000	期首残高	225,000
		仕入	273,000
後T/B	330,000	買掛金	123,000

買掛金

借方	金額	貸方	金額
現金預金	235,000	期首残高	218,000
支払手形	123,000	仕入	345,000
後T/B	205,000		

仕入

借方	金額	貸方	金額
現金預金	130,000	仕入高	748,000
支払手形	273,000		
買掛金	345,000		

(3) 決算整理～ 売上原価および棚卸減耗損，商品評価損の計算

① 期末商品棚卸高の単価の計算（平均法）

原価ボックス（個数）

期首商品	1,000個	売上原価（*）	5,600個
当期仕入	5,000個		
		期末商品	400個

（*）1,000個＋5,000個－400個＝5,600個

∴ 期末商品の仕入単価：(152,000千円〈期首商品〉＋748,000千円〈当期仕入〉)÷(1,000個＋5,000個)
＝@150千円

② 決算整理 ～ 売上原価の計算

原価ボックス

期首商品（*1）	152,000	売上原価（*4）	840,000
当期仕入（*2）	748,000	(後T/B仕入)	
		期末商品（*3）	60,000

（*1）前期末商品
（*2）仕入勘定より
（*3）400個×@150千円＝60,000千円
（*4）貸借差額

（単位：千円）

(仕　　　入)（*1）	152,000	(繰越商品)	152,000
(繰越商品)（*3）	60,000	(仕　　　入)	60,000

③ 商品の評価

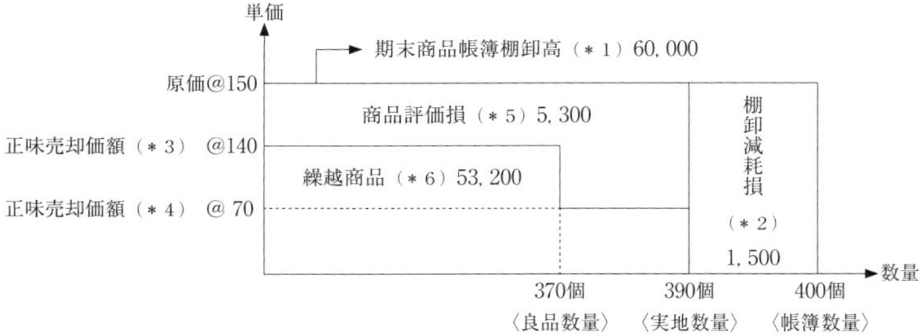

単価
期末商品帳簿棚卸高（*1）60,000
原価@150
商品評価損（*5）5,300
正味売却価額（*3）@140
繰越商品（*6）53,200
正味売却価額（*4）@ 70
棚卸減耗損（*2）1,500
数量
370個〈良品数量〉 390個〈実地数量〉 400個〈帳簿数量〉

（*1）400個×@150千円〈原価〉＝60,000千円
（*2）(400個－390個)×@150千円＝1,500千円
（*3）@160千円〈売価〉－@20千円〈見積販売直接経費〉＝@140千円〈正味売却価額〉
（*4）@90千円〈売価〉－@20千円〈見積販売直接経費〉＝@70千円〈正味売却価額〉
（*5）(390個－370個)×(@150千円－@70千円)＝1,600千円
(@150千円－@140千円)×370個＝3,700千円 } 5,300千円〈商品評価損〉
（*6）(390個－370個)×@70千円＝1,400千円
370個×@140千円＝51,800千円 } 53,200千円〈後T/B繰越商品〉

（単位：千円）

(棚卸減耗損)（*2）	1,500	(繰越商品)	6,800
(商品評価損)（*5）	5,300		

61

2．一般債権 ～ 貸倒引当金の設定（貸倒実績率法・差額補充法）

（単位：千円）

(貸倒引当金繰入)（*）	2,960	(貸倒引当金)	2,960

（*）4,500千円＋5,740千円＝10,240千円〈前期末B/S貸倒引当金〉
(327,000千円〈後T/B受取手形〉＋333,000千円〈後T/B売掛金〉)×2％
＝13,200千円〈設定額＝後T/B貸倒引当金〉
13,200千円－10,240千円＝2,960千円〈繰入額〉

3．投資有価証券（満期保有目的債券）

(1) タイムテーブル

×3年 4/1 購入　×4年 3/31 ←当期→ ×5年 3/31　×6年 3/31　×7年 3/31　×8年 3/31 償還

285,000千円 →288,000千円 →291,000千円
（*）3,000千円　（*）3,000千円

（*）$300,000千円 \times \frac{@100円 - @95円}{@100円} = 15,000千円$

$15,000千円 \times \frac{12か月(=1年)}{60か月(=5年)} = 3,000千円$

(2) 期中～利払時（×5年3月末）

（単位：千円）

(現金預金)（*）	21,000	(有価証券利息)	21,000

（*）300,000千円〈額面金額〉×7％＝21,000千円

(3) 期末 ～ 償却原価法（定額法）の適用

（単位：千円）

(満期保有目的債券)（*）	3,000	(有価証券利息)	3,000

（*）$300,000千円 \times \frac{@100円 - @95円}{@100円} = 15,000千円$

$15,000千円 \times \frac{12か月(=1年)}{60か月(=5年)} = 3,000千円$

∴ 後T/B満期保有目的債券：288,000千円〈前期末〉＋3,000千円＝291,000千円
∴ 後T/B有価証券利息：21,000千円＋3,000千円＝24,000千円

4．固定資産

(1) 建物

（単位：千円）

(減価償却費)（*）	40,000	(建物減価償却累計額)	40,000

（*）800,000千円〈前期末B/S〉＋400,000千円〈減価償却累計額〉＝1,200,000千円〈取得原価＝後T/B建物〉
1,200,000千円÷30年＝40,000千円

∴ 後T/B建物減価償却累計額：400,000千円〈前期末〉＋40,000千円＝440,000千円

(2) 備品

(単位：千円)

借方	金額	貸方	金額
(減価償却費)(＊)	112, 500	(備品減価償却累計額)	112, 500

(＊) 450, 000千円〈前期末B／S〉+ 150, 000千円〈減価償却累計額〉= 600, 000千円〈取得原価 = 後T/B備品〉
(600, 000千円 − 150, 000千円) × 25% = 112, 500千円

∴ 後T/B備品減価償却累計額：150, 000千円〈前期末〉+ 112, 500千円 = 262, 500千円

(3) 車両

① 購入日（×4年10月1日）

(単位：千円)

借方	金額	貸方	金額
(車両)	200, 000	(現金預金)	200, 000

② 期末

(単位：千円)

借方	金額	貸方	金額
(減価償却費)(＊)	20, 000	(車両減価償却累計額)	20, 000

(＊) 200, 000千円〈取得原価〉÷ 5年 × $\frac{6か月}{12か月}$ = 20, 000千円

∴ 後T/B減価償却費：40, 000千円〈建物〉+ 112, 500千円〈備品〉+ 20, 000千円〈車両〉= 172, 500千円

5. 退職給付

(1) 退職金支払時

(単位：千円)

借方	金額	貸方	金額
(退職給付引当金)	156, 000	(現金預金)	156, 000

(2) 期末

(単位：千円)

借方	金額	貸方	金額
(退職給付費用)	96, 000	(退職給付引当金)	96, 000

∴ 後T/B退職給付引当金：650, 000千円〈前期末〉− 156, 000千円 + 96, 000千円 = 590, 000千円

6. 長期貸付金

(1) 貸付時

(単位：千円)

借方	金額	貸方	金額
(長期貸付金)	300, 000	(現金預金)	300, 000

(2) 利払時および決算時

×4年 4/1 期首　×4年 5/1 契約日 ←6か月→ ×4年 10/31 利払日 ←5か月→ ×5年 3/31 決算日

300, 000千円 × 4% × $\frac{6か月}{12か月}$ = 6, 000千円

300, 000千円 × 4% × $\frac{5か月}{12か月}$ = 5, 000千円〈未収収益〉

(単位：千円)

借方	金額	貸方	金額
(現金預金)	6, 000	(受取利息)	6, 000
(未収収益)	5, 000	(受取利息)	5, 000

7. 長期借入金

(1) 借入時

(単位：千円)

借方	金額	貸方	金額
(現金預金)	300, 000	(長期借入金)	300, 000

(2) 利払時および決算時

×4年 4/1 期首　×4年 6/1 契約日 ←6か月→ ×4年 11/30 利払日 ←4か月→ ×5年 3/31 決算日

300, 000千円 × 4% × $\frac{6か月}{12か月}$ = 6, 000千円

300, 000千円 × 4% × $\frac{4か月}{12か月}$ = 4, 000千円〈未払費用〉

(単位：千円)

借方	金額	貸方	金額
(支払利息)	6, 000	(現金預金)	6, 000
(支払利息)	4, 000	(未払費用)	4, 000

∴ 後T/B支払利息：6, 000千円 + 4, 000千円 = 10, 000千円

8. 利益剰余金の配当

(1) 株主総会の決議時

(単位：千円)

借方	金額	貸方	金額
(繰越利益剰余金)	55, 000	(利益準備金)(＊)	5, 000
		(未払配当金)	50, 000

(＊) 2, 000, 000千円〈資本金〉× $\frac{1}{4}$ − (140, 000千円〈資本準備金〉+ 120, 000千円〈利益準備金〉) = 240, 000千円〈積立可能額〉

50, 000千円〈配当金〉× $\frac{1}{10}$ = 5, 000千円〈要積立額〉

240, 000千円 ＞ 5, 000千円　∴ 5, 000千円

∴ 後T/B利益準備金：120, 000千円〈前期末〉+ 5, 000千円 = 125, 000千円

∴ 後T/B繰越利益剰余金：80, 180千円〈前期末〉− 55, 000千円 = 25, 180千円

(2) 配当金の支払時

(単位：千円)

借方	金額	貸方	金額
(未払配当金)	50, 000	(現金預金)	50, 000

9. 販売費及び一般管理費

(1) 期首 ～ 再振替仕訳

(単位：千円)

借方	金額	貸方	金額
(未払費用)	1, 320	(販売費及び一般管理費)	1, 320

(2) 販売費及び一般管理費の支払時

（単位：千円）

（販売費及び一般管理費）	160, 820	（現　金　預　金）	160, 820

(3) 決算整理 ～ 未払費用の計上

（単位：千円）

（販売費及び一般管理費）	2, 000	（未　払　費　用）	2, 000

∴ 後T/B販売費及び一般管理費：△1, 320千円＋160, 820千円＋2, 000千円＝161, 500千円

∴ 後T/B未払費用：1, 320千円－1, 320千円＋2, 000千円＋4, 000千円〈借入金に対する分〉
＝6, 000千円

10. 受取利息

(1) 期首 ～ 再振替仕訳

（単位：千円）

（受　取　利　息）	600	（未　収　収　益）	600

(2) 利息の受取時（預金に対する利息）

（単位：千円）

（現　金　預　金）	6, 900	（受　取　利　息）	6, 900

(3) 決算整理 ～ 未収収益の計上

（単位：千円）

（未　収　収　益）	700	（受　取　利　息）	700

∴ 後T/B受取利息：△600千円＋6, 900千円＋700千円＋6, 000千円〈貸付金に対する分〉
＋5, 000千円〈貸付金に対する分〉＝18, 000千円

∴ 後T/B未収収益：600千円－600千円＋700千円＋5, 000千円〈貸付金に対する分〉＝5, 700千円

11. 法人税等

(1) 期中処理 ～ 納付時

（単位：千円）

（未払法人税等）（＊1）	30, 000	（現　金　預　金）	40, 000
（仮払法人税等）（＊2）	10, 000		

（＊1）前期末B／S
（＊2）40, 000千円－30, 000千円＝10, 000千円

(2) 決算整理 ～ 法人税等の計上

（単位：千円）

（法　人　税　等）（＊1）	45, 000	（仮払法人税等）	10, 000
		（未払法人税等）（＊2）	35, 000

（＊1）150, 000千円〈課税所得〉×30％〈税率〉＝45, 000千円
（＊2）45, 000千円－10, 000千円＝35, 000千円〈後T/B〉

12. 現金預金勘定

現　金　預　金

借方		貸方	
期　首　残　高	272, 140	資料「現金預金の減少」合計（＊2）	1, 568, 820
資料「現金預金の増加」合計（＊1）	1, 571, 100	後T/B	274, 420

（＊1）200, 000千円＋728, 700千円＋308, 500千円＋21, 000千円＋6, 000千円＋300, 000千円＋6, 900千円＝1, 571, 100千円
（＊2）130, 000千円＋291, 000千円＋235, 000千円＋200, 000千円＋156, 000千円＋300, 000千円＋6, 000千円＋50, 000千円＋160, 820千円＋40, 000千円＝1, 568, 820千円

MEMO

別冊②

解答用紙

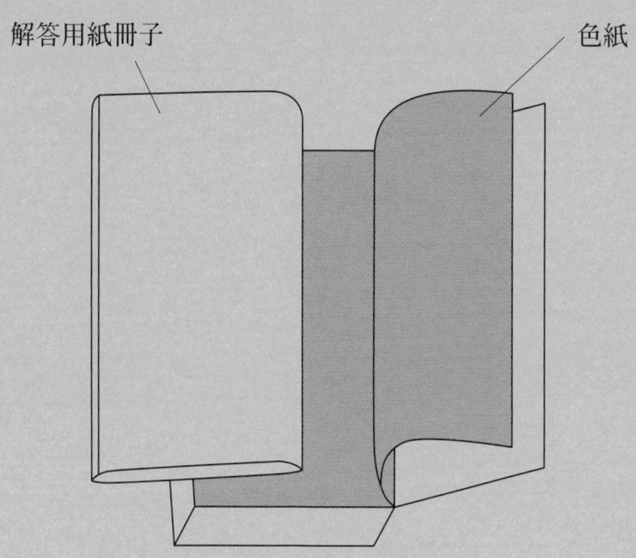

〈解答用紙ご利用時の注意〉

以下の「解答用紙」は，この色紙を残したままていねいに抜き取り，ご利用ください。

また，抜取りの際の損傷についてのお取替えはご遠慮願います。

問題1-1

〔問１〕再振替仕訳

（単位：円）

〔問２〕決算整理前残高試算表

決算整理前残高試算表

×2年３月31日　（単位：円）

借方科目	金額	貸方科目	金額
現金	（　）	支払手形	（　）
当座預金	（　）	買掛金	（　）
受取手形	（　）	借入金	（　）
売掛金	（　）	貸倒引当金	（　）
繰越商品	（　）	建物減価償却累計額	（　）
貸付金	（　）	備品減価償却累計額	（　）
建物	（　）	資本金	（　）
備品	（　）	利益準備金	（　）
仕入	（　）	繰越利益剰余金	（　）
販売費	（　）	売上	（　）
一般管理費	（　）	受取利息	（　）
支払利息	（　）		
	（　）		（　）

〔問３〕決算整理仕訳

（単位：円）

(1)				
(2)				
(3)				
(4)				
(5)				

〔問4〕決算整理後残高試算表

決算整理後残高試算表

×2年3月31日　　(単位：円)

現金	(　　)	支払手形	(　　)
当座預金	(　　)	買掛金	(　　)
受取手形	(　　)	借入金	(　　)
売掛金	(　　)	未払法人税等	(　　)
繰越商品	(　　)	未払利息	(　　)
前払販売費	(　　)	前受利息	(　　)
未収利息	(　　)	貸倒引当金	(　　)
貸付金	(　　)	建物減価償却累計額	(　　)
建物	(　　)	備品減価償却累計額	(　　)
備品	(　　)	資本金	(　　)
仕入	(　　)	利益準備金	(　　)
販売費	(　　)	繰越利益剰余金	(　　)
一般管理費	(　　)	売上	(　　)
貸倒引当金繰入	(　　)	受取利息	(　　)
減価償却費	(　　)		
支払利息	(　　)		
法人税等	(　　)		
	(　　)		(　　)

〔問5〕決算振替仕訳

1．収益および費用（法人税等を含む）の振替え

(単位：円)

2．当期純利益の振替え

(単位：円)

〔問６〕損益勘定および繰越利益剰余金勘定と繰越試算表

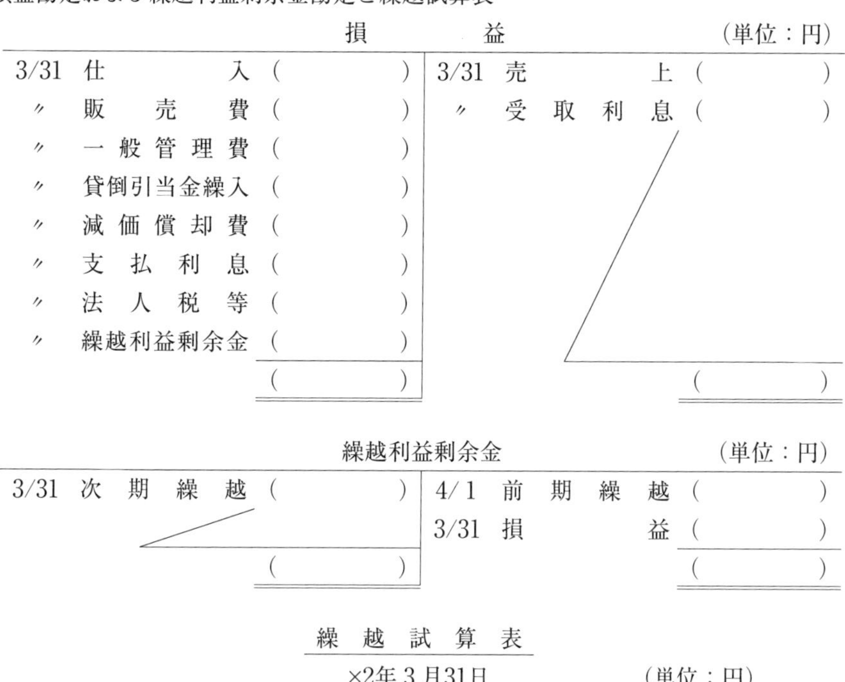

損　　益　（単位：円）

3/31	仕　入	(　　)	3/31	売　上	(　　)
〃	販売費	(　　)	〃	受取利息	(　　)
〃	一般管理費	(　　)			
〃	貸倒引当金繰入	(　　)			
〃	減価償却費	(　　)			
〃	支払利息	(　　)			
〃	法人税等	(　　)			
〃	繰越利益剰余金	(　　)			
		(　　)			(　　)

繰越利益剰余金　（単位：円）

3/31	次期繰越	(　　)	4/1	前期繰越	(　　)
			3/31	損　益	(　　)
		(　　)			(　　)

繰越試算表

×2年３月31日　（単位：円）

現　金	(　　)	支払手形	(　　)
当座預金	(　　)	買掛金	(　　)
受取手形	(　　)	借入金	(　　)
売掛金	(　　)	未払法人税等	(　　)
繰越商品	(　　)	未払利息	(　　)
前払販売費	(　　)	前受利息	(　　)
未収利息	(　　)	貸倒引当金	(　　)
貸付金	(　　)	建物減価償却累計額	(　　)
建　物	(　　)	備品減価償却累計額	(　　)
備　品	(　　)	資本金	(　　)
		利益準備金	(　　)
		繰越利益剰余金	(　　)
	(　　)		(　　)

〔問７〕損益計算書および貸借対照表

損　益　計　算　書

自×1年４月１日　至×2年３月31日　（単位：円）

Ⅰ　売　上　高		(　　　)
Ⅱ　売　上　原　価		
1．期首商品棚卸高	(　　　)	
2．当期商品仕入高	(　　　)	
合　計	(　　　)	
3．期末商品棚卸高	(　　　)	(　　　)
売上総利益		(　　　)
Ⅲ　販売費及び一般管理費		
1．販　売　費	(　　　)	
2．一般管理費	(　　　)	
3．貸倒引当金繰入	(　　　)	
4．減価償却費	(　　　)	(　　　)
営業利益		(　　　)
Ⅳ　営業外収益		
1．受取利息		(　　　)
Ⅴ　営業外費用		
1．支払利息		(　　　)
税引前当期純利益		(　　　)
法人税等		(　　　)
当期純利益		(　　　)

貸　借　対　照　表

×2年３月31日現在　（単位：円）

現　　金		(　　　)	支払手形	(　　　)
当座預金		(　　　)	買　掛　金	(　　　)
受取手形	(　　　)		借　入　金	(　　　)
貸倒引当金	(　　　)	(　　　)	未払法人税等	(　　　)
売　掛　金	(　　　)		未払利息	(　　　)
貸倒引当金	(　　　)	(　　　)	前受利息	(　　　)
商　　品		(　　　)	資　本　金	(　　　)
前払販売費		(　　　)	利益準備金	(　　　)
未収利息		(　　　)	繰越利益剰余金	(　　　)
貸　付　金		(　　　)		
建　　物	(　　　)			
減価償却累計額	(　　　)	(　　　)		
備　　品	(　　　)			
減価償却累計額	(　　　)	(　　　)		
		(　　　)		(　　　)

解答〈1〉ページ

問題1-2

損益計算書

自×1年4月1日　至×2年3月31日　(単位：円)

Ⅰ	売上高		(　　)
Ⅱ	売上原価		
	1．期首商品棚卸高	(　　)	
	2．当期商品仕入高	(　　)	
	合計	(　　)	
	3．期末商品棚卸高	(　　)	(　　)
	売上総利益		(　　)
Ⅲ	販売費及び一般管理費		
	1．販売費	(　　)	
	2．一般管理費	(　　)	
	3．貸倒引当金繰入	(　　)	
	4．減価償却費	(　　)	(　　)
	営業利益		(　　)
Ⅳ	営業外収益		
	1．受取利息		(　　)
Ⅴ	営業外費用		
	1．支払利息		(　　)
	税引前当期純利益		(　　)
	法人税等		(　　)
	当期純利益		(　　)

貸借対照表

×2年3月31日現在　(単位：円)

現金		(　　)	支払手形	(　　)
当座預金		(　　)	買掛金	(　　)
受取手形	(　　)		短期借入金	(　　)
貸倒引当金	(　　)	(　　)	未払法人税等	(　　)
売掛金	(　　)		未払消費税	(　　)
貸倒引当金	(　　)	(　　)	未払販売費	(　　)
商品		(　　)	前受金	(　　)
前払金		(　　)	前受利息	(　　)
未収利息		(　　)	資本金	(　　)
短期貸付金		(　　)	利益準備金	(　　)
建物	(　　)		繰越利益剰余金	(　　)
減価償却累計額	(　　)	(　　)		
備品	(　　)			
減価償却累計額	(　　)	(　　)		
		(　　)		(　　)

解答〈9〉ページ

問題1-3

決算整理後残高試算表

×2年３月31日　　　　（単位：円）

前払保険料	（　　　）	借入金	（　　　）
退職給付費用	（　　　）	未払利息	（　　　）
減価償却費	（　　　）	退職給付引当金	（　　　）
支払保険料	（　　　）	減価償却累計額	（　　　）
支払利息	（　　　）		

解答〈13〉ページ

問題1-4

貸借対照表

×5年３月31日現在　　　　（単位：円）

Ⅰ　流動資産		
現金預金	（　　　）	
（　　　）	（　　　）	
短期貸付金	（　　　）	
Ⅱ　固定資産		
⋮		
３．投資その他の資産		
（　　　）	（　　　）	
（　　　）	（　　　）	
（　　　）	（　　　）	

解答〈14〉ページ

問題1-16

〔問１〕

損益計算書（一部）　　（単位：千円）

	×3年度 （×3年４月１日～×4年３月31日）		×4年度 （×4年４月１日～×5年３月31日）	
売上高		（　　）		160,000
売上原価				
期首商品棚卸高	（　　）		（　　）	
当期商品仕入高	（　　）		（　　）	
合計	（　　）		（　　）	
期末商品棚卸高	（　　）	（　　）	（　　）	（　　）
売上総利益		（　　）		（　　）

〔問２〕

×3年度期首における会計方針の変更による累積的影響額	千円
×3年度における遡及処理後の当期純損益	千円

解答〈26〉ページ

問題1-17

利益剰余金当期首残高への影響額（増加または減少）		千円
当期の売上原価の金額		千円
従来の方法に比べて税引前当期純利益への影響額（増加または減少）		千円

解答〈27〉ページ

問題2-1

⑴ 決算整理後残高試算表（一部）

決算整理後残高試算表　　（単位：円）

商　　品	（　　　）	商品売買益	（　　　）

⑵ 損益計算書（一部）および貸借対照表（一部）

損　益　計　算　書　　（単位：円）

Ⅰ 売　上　高		（　　　）
Ⅱ 売 上 原 価		
1．期首商品棚卸高	（　　　）	
2．当期商品仕入高	（　　　）	
合　計	（　　　）	
3．期末商品棚卸高	（　　　）	（　　　）
売上総利益		（　　　）

貸　借　対　照　表　　（単位：円）

商　　品	（　　　）	

解答〈28〉ページ

問題2-2

損　益　計　算　書

自×2年4月1日　至×3年3月31日　　（単位：円）

Ⅰ 売　上　高		（　　　）
Ⅱ 売 上 原 価		
1．期首商品棚卸高	（　　　）	
2．当期商品仕入高	（　　　）	
合　計	（　　　）	
3．期末商品棚卸高	（　　　）	（　　　）
売上総利益		（　　　）
Ⅲ 販売費及び一般管理費		
1．販　売　費	（　　　）	
2．貸倒引当金繰入	（　　　）	（　　　）
営業利益		（　　　）

解答〈29〉ページ

問題2-3

損益計算書		(単位：円)
Ⅰ　売　上　高		(　　　)
Ⅱ　売上原価		
1．期首商品棚卸高	(　　　)	
2．当期商品仕入高	(　　　)	
合　計	(　　　)	
3．見本品費振替高	(　　　)	
4．期末商品棚卸高	(　　　)	(　　　)
売上総利益		(　　　)
Ⅲ　販売費及び一般管理費		
1．販売費・管理費	(　　　)	
2．見本品費	(　　　)	(　　　)
営業利益		(　　　)

解答〈32〉ページ

問題2-4

損益計算書		(単位：円)
Ⅰ　売　上　高		(　　　)
Ⅱ　売上原価		
1．期首商品棚卸高	(　　　)	
2．当期商品仕入高	(　　　)	
合　計	(　　　)	
3．期末商品棚卸高	(　　　)	(　　　)
売上総利益		(　　　)

解答〈33〉ページ

問題2-5

損益計算書		(単位：円)
Ⅰ　売　上　高		(　　　)
Ⅱ　売上原価		
1．期首商品棚卸高	(　　　)	
2．当期商品仕入高	(　　　)	
合　計	(　　　)	
3．期末商品棚卸高	(　　　)	(　　　)
売上総利益		(　　　)

解答〈34〉ページ

問題2-6

1．前受金受取時

（単位：円）

2．報酬（役務費用）支払時

（単位：円）

3．役務収益計上時

（単位：円）

解答〈35〉ページ

問題3-1

損　益　計　算　書　（単位：円）

Ⅰ　売　上　高		（　　）
Ⅱ　売　上　原　価		
1．期首商品棚卸高	（　　）	
2．当期商品仕入高	（　　）	
合　計	（　　）	
3．期末商品棚卸高	（　　）	
差　引	（　　）	
4．（　　）	（　　）	（　　）
売上総利益		（　　）
Ⅲ　販売費及び一般管理費		
1．（　　）		（　　）
営業利益		（　　）

解答〈36〉ページ

問題3-2

損益計算書　　　(単位：円)

Ⅰ 売上高		(　　　)
Ⅱ 売上原価		
1. 期首商品棚卸高	(　　　)	
2. 当期商品仕入高	(　　　)	
合計	(　　　)	
3. 期末商品棚卸高	(　　　)	
差引	(　　　)	
4. (　　　)	(　　　)	(　　　)
売上総利益		(　　　)
Ⅲ 販売費及び一般管理費		
1. (　　　)		(　　　)
営業利益		(　　　)

解答〈37〉ページ

問題3-3

(1)

損益計算書　　　(単位：円)

Ⅰ 売上高		(　　　)
Ⅱ 売上原価		
1. 期首商品棚卸高	(　　　)	
2. 当期商品仕入高	(　　　)	
合計	(　　　)	
3. 期末商品棚卸高	(　　　)	
差引	(　　　)	
4. 棚卸減耗損	(　　　)	
5. 商品評価損	(　　　)	(　　　)
売上総利益		(　　　)

(2)

先入先出法による商品の貸借対照表価額 (　　　　　) 円

解答〈39〉ページ

問題3-4

損益計算書　(単位：円)

Ⅰ 売上高		(　　　)
Ⅱ 売上原価		
1. 期首商品棚卸高	(　　　)	
2. 当期商品仕入高	(　　　)	
合計	(　　　)	
3. 期末商品棚卸高	(　　　)	
差引	(　　　)	
4. 棚卸減耗損	(　　　)	
5. 商品評価損	(　　　)	(　　　)
売上総利益		(　　　)

解答〈40〉ページ

問題3-5

損益計算書　(単位：円)

Ⅰ 売上高		(　　　)
Ⅱ 売上原価		
1. 期首商品棚卸高	(　　　)	
2. 当期商品仕入高	(　　　)	
合計	(　　　)	
3. 期末商品棚卸高	(　　　)	
差引	(　　　)	
4.(　　　)	(　　　)	
5.(　　　)	(　　　)	(　　　)
売上総利益		(　　　)

貸借対照表　(単位：円)

商品 (　　　)	

解答〈42〉ページ

問題3-6

損益計算書		(単位：円)
Ⅰ 売上高		(　　)
Ⅱ 売上原価		
1. 期首商品棚卸高	(　　)	
2. 当期商品仕入高	(　　)	
合計	(　　)	
3. 期末商品棚卸高	(　　)	
差引	(　　)	
4. 棚卸減耗損	(　　)	
5. 商品評価損	(　　)	(　　)
売上総利益		(　　)

貸借対照表	(単位：円)
商品 (　　)	

解答〈43〉ページ

問題3-7

(A) 損益計算書

(単位：円)

	(1)		(2)	
Ⅰ 売上高		(　　)		(　　)
Ⅱ 売上原価				
1. 期首商品棚卸高	(　　)		(　　)	
2. 当期商品仕入高	(　　)		(　　)	
合計	(　　)		(　　)	
3. 期末商品棚卸高	(　　)		(　　)	
差引	(　　)		(　　)	
4. 棚卸減耗損	(　　)		(　　)	
5. 商品評価損	(　　)	(　　)	——	(　　)
売上総利益		(　　)		(　　)

(B) 商品の貸借対照表価額

(1)	円
(2)	円

解答〈45〉ページ

問題3-8

(A) 損益計算書

（単位：円）

	(1)		(2)	
Ⅰ 売上高		( )		( )
Ⅱ 売上原価				
1．期首商品棚卸高	( )		( )	
2．当期商品仕入高	( )		( )	
合計	( )		( )	
3．期末商品棚卸高	( )		( )	
差引	( )		——	
4．棚卸減耗損	( )		——	
5．商品評価損	( )	( )	——	( )
売上総利益		( )		( )

(B) 商品の貸借対照表価額

(1)	円
(2)	円

解答〈47〉ページ

問題3-9

損益計算書　(単位：円)

	(1)		(2)	
Ⅰ 売上高		(　　)		(　　)
Ⅱ 売上原価				
1．期首商品棚卸高	(　　)		(　　)	
2．当期商品仕入高	(　　)		(　　)	
合計	(　　)		(　　)	
3．見本品費振替高	(　　)		(　　)	
4．期末商品棚卸高	(　　)		(　　)	
差引	(　　)		——	
5．商品評価損	(　　)	(　　)	——	(　　)
売上総利益		(　　)		(　　)
Ⅲ 販売費及び一般管理費				
1．棚卸減耗損	(　　)		(　　)	
2．見本品費	(　　)	(　　)	(　　)	(　　)
営業利益		(　　)		(　　)

解答〈49〉ページ

問題3-10

損益計算書　(単位：円)

Ⅰ 売上高		(　　)
Ⅱ 売上原価		
1．期首商品棚卸高	(　　)	
2．当期商品仕入高	(　　)	
合計	(　　)	
3．期末商品棚卸高	(　　)	
差引	(　　)	
4．棚卸減耗損	(　　)	
5．商品評価損	(　　)	(　　)
売上総利益		(　　)

貸借対照表　(単位：円)

商品	(　　)	

解答〈51〉ページ

問題3-11

	評　価　額	評　価　損
個別基準（種　類　別）	円	円
個別基準（グループ別）	円	円
一　括　基　準	円	円

（注）記入すべき該当金額がない場合にはその欄の中に——（線）を入れておくこと。

解答〈52〉ページ

問題3-12

(単位：円)

	借　　方	貸　　方
切放法		
洗替法		

⑴　切放法

損益計算書　(単位：円)

Ⅰ　売上高		(　　　)
Ⅱ　売上原価		
1．期首商品棚卸高	(　　　)	
2．当期商品仕入高	(　　　)	
合計	(　　　)	
3．期末商品棚卸高	(　　　)	
差引	(　　　)	
4．(　　　　)	(　　　)	(　　　)
売上総利益		(　　　)

⑵　洗替法

損益計算書　(単位：円)

Ⅰ　売上高		(　　　)
Ⅱ　売上原価		
1．期首商品棚卸高	(　　　)	
2．当期商品仕入高	(　　　)	
合計	(　　　)	
3．期末商品棚卸高	(　　　)	
差引	(　　　)	
4．(　　　　)	(　　　)	(　　　)
売上総利益		(　　　)

解答〈53〉ページ

問題4-1

当　期	円
翌　期	円

解答〈56〉ページ

問題4-2

（単位：千円）

解答〈58〉ページ

問題4-3

決算整理後残高試算表　（単位：千円）

商　　品	（　　）	返金負債	（　　）
返品資産	（　　）	商品売上高	（　　）
商品売上原価	（　　）		

解答〈58〉ページ

問題4-4

決算整理後残高試算表　（単位：千円）

繰越商品	（　　）	返金負債	（　　）
返品資産	（　　）	売　　上	（　　）
仕　　入	（　　）		

解答〈59〉ページ

問題4-5

決算整理後残高試算表　（単位：千円）

現金預金	（　　）	返金負債	（　　）
商　　品	（　　）	売　　上	（　　）
返品資産	（　　）		
売上原価	（　　）		

解答〈60〉ページ

問題4-6

決算整理後残高試算表　　　(単位：千円)

現金預金	(　　　)	返金負債	(　　　)
商品	(　　　)	売上	(　　　)
返品資産	(　　　)		
売上原価	(　　　)		

解答〈61〉ページ

問題4-7

(1)最頻値による方法	千円
(2)期待値による方法	千円

解答〈63〉ページ

問題4-8

決算整理後残高試算表

×2年３月31日　　　(単位：円)

商品	(　　　)	売上高	(　　　)
売上原価	(　　　)	受取手数料	(　　　)

解答〈63〉ページ

問題4-9

決算整理後残高試算表　　　(単位：円)

商品	(　　　)	契約負債	(　　　)
売上原価	(　　　)	売上	(　　　)
		雑収入	(　　　)

解答〈64〉ページ

問題4-10

決算整理後残高試算表　　　(単位：円)

商品	(　　　)	契約負債	(　　　)
売上原価	(　　　)	売上	(　　　)

解答〈64〉ページ

問題4-11

決算整理後残高試算表 （単位：円）

商品	（　　）	契約負債	（　　）
商品売上原価	（　　）	商品売上高	（　　）

解答〈65〉ページ

問題4-12

×1年度末の契約負債	円
×2年度末の契約負債	円

解答〈66〉ページ

問題5-1

問１

	×1 年 度	×2 年 度	×3 年 度
工事収益	万円	万円	万円
工事原価	万円	万円	万円
工事利益	万円	万円	万円

問２

	×1 年 度	×2 年 度	×3 年 度
工事収益	万円	万円	万円
工事原価	万円	万円	万円
工事利益	万円	万円	万円

解答〈67〉ページ

問題5-2

	第 3 期	第 4 期
売上高	円	円
売上総利益	円	円

解答〈69〉ページ

問題5-3

(1) 各年度の工事利益

	×1 年 度	×2 年 度	×3 年 度
工 事 利 益	千円	千円	千円

(2) ×1年度の工事未収入金および契約負債

工事未収入金	千円
契 約 負 債	千円

解答〈69〉ページ

問題5-4

	第1期	第2期	第3期
工 事 収 益	円	円	円
工 事 原 価	円	円	円
工 事 損 益	円	円	円
工事損失引当金の額	円	円	円

(注) 記入すべき金額がない場合には，——（線）を入れ，金額がマイナスの場合は数字の前に△を付けること。

解答〈71〉ページ

問題5-5

	×2 年 度		×3 年 度	
	A 工 事	B 工 事	A 工 事	B 工 事
工 事 収 益	千円	千円	千円	千円
工 事 原 価	千円	千円	千円	千円
工 事 損 益	千円	千円	千円	千円

解答〈73〉ページ

問題6-1

売　上　高	円
受 取 利 息	円

解答〈76〉ページ

問題6-2

(1)　代金回収時

（単位：円）

(2)　回収不能時

（単位：円）

解答〈76〉ページ

問題7-1

損益計算書　　(単位：円)

Ⅰ 売上高		
1. 一般売上高	(　　　)	
2. 積送品売上高	(　　　)	(　　　)
Ⅱ 売上原価		
1. 期首商品棚卸高	(　　　)	
2. 当期商品仕入高	(　　　)	
合計	(　　　)	
3. 期末商品棚卸高	(　　　)	(　　　)
売上総利益		(　　　)

貸借対照表　　(単位：円)

商品 (　　　)	

解答〈78〉ページ

問題7-2

損益計算書　　(単位：円)

Ⅰ 売上高		
1. 一般売上高	(　　　)	
2. 積送品売上高	(　　　)	(　　　)
Ⅱ 売上原価		
1. 期首商品棚卸高	(　　　)	
2. 当期商品仕入高	(　　　)	
合計	(　　　)	
3. 期末商品棚卸高	(　　　)	(　　　)
売上総利益		(　　　)

貸借対照表　　(単位：円)

商品 (　　　)	

解答〈79〉ページ

問題7-3

⑴の方法

① 仕　訳

（単位：円）

1				
2				
3				
4				

② 決算整理後残高試算表（一部）

決算整理後残高試算表　（単位：円）

積送未収金	（　　　）	積送品売上	（　　　）
積送品	（　　　）		
仕入	（　　　）		

⑵の方法

① 仕　訳

（単位：円）

1				
2				
3				
4				

② 決算整理後残高試算表（一部）

決算整理後残高試算表　（単位：円）

積送未収金	（　　　）	積送品売上	（　　　）
積送品	（　　　）		
繰延積送諸掛	（　　　）		
仕入	（　　　）		
積送諸掛	（　　　）		

解答〈81〉ページ

問題7-4

損益計算書

自×1年4月1日　至×2年3月31日　　(単位：円)

Ⅰ　売　上　高		(　　　)
Ⅱ　売上原価		
1．期首商品棚卸高	(　　　)	
2．当期商品仕入高	(　　　)	
合　計	(　　　)	
3．期末商品棚卸高	(　　　)	
差　引	(　　　)	
4．商品評価損	(　　　)	(　　　)
売上総利益		(　　　)
Ⅲ　販売費及び一般管理費		
販　売　費	(　　　)	
一般管理費	(　　　)	
棚卸減耗損	(　　　)	
貸倒引当金繰入	(　　　)	
減価償却費	(　　　)	(　　　)
営業利益		(　　　)
Ⅳ　営業外収益		
受取利息	(　　　)	
有価証券利息	(　　　)	
有価証券評価益	(　　　)	
(　　　)	(　　　)	(　　　)
Ⅴ　営業外費用		
支払利息		(　　　)
税引前当期純利益		(　　　)
法人税等		(　　　)
当期純利益		(　　　)

解答〈84〉ページ

問題7-5

決算整理後残高試算表　(単位：千円)

繰越商品	(　　)	一般売上	(　　)
積送品	(　　)	積送品売上	(　　)
繰延積送諸掛	(　　)		
仕入	(　　)		
積送諸掛	(　　)		
棚卸減耗損	(　　)		
商品評価損	(　　)		

解答〈88〉ページ

問題7-6

決算整理後残高試算表　(単位：円)

売掛金	(　　)	買掛金	(　　)
積送売掛金	(　　)	一般売上	(　　)
商品	(　　)	積送品売上	(　　)
積送品	(　　)		
仕入	(　　)		
販売費	(　　)		

解答〈89〉ページ

問題7-7

損益計算書

自×2年４月１日　至×3年３月31日　(単位：円)

Ⅰ 売上高		
1．一般売上高	(　　)	
2．積送品売上高	(　　)	(　　)
Ⅱ 売上原価		
1．期首商品棚卸高	(　　)	
2．当期商品仕入高	(　　)	
合計	(　　)	
3．期末商品棚卸高	(　　)	(　　)
売上総利益		(　　)

解答〈92〉ページ

問題8-1

損益計算書　（単位：円）

Ⅰ　売上高		
1. 一般売上高	(　　　)	
2. 試用品売上高	(　　　)	(　　　)
Ⅱ　売上原価		
1. 期首商品棚卸高	(　　　)	
2. 当期商品仕入高	(　　　)	
合計	(　　　)	
3. 期末商品棚卸高	(　　　)	(　　　)
売上総利益		(　　　)

貸借対照表　（単位：円）

商品 (　　　)	

解答〈94〉ページ

問題8-2

損益計算書　（単位：円）

Ⅰ　売上高		
1. 一般売上高	(　　　)	
2. 試用品売上高	(　　　)	(　　　)
Ⅱ　売上原価		
1. 期首商品棚卸高	(　　　)	
2. 当期商品仕入高	(　　　)	
合計	(　　　)	
3. 期末商品棚卸高	(　　　)	
差引	(　　　)	
4. (　　　)	(　　　)	(　　　)
売上総利益		(　　　)
Ⅲ　販売費及び一般管理費		
1. 貸倒引当金繰入	(　　　)	
2. (　　　)	(　　　)	(　　　)
営業利益		(　　　)

貸借対照表　（単位：円）

売掛金	(　　　)		
貸倒引当金	(　　　)	(　　　)	
商品		(　　　)	

解答〈96〉ページ

問題8-3

損益計算書　(単位：円)

Ⅰ 売上高		
1. 一般売上高	( )	
2. 試用品売上高	( )	( )
Ⅱ 売上原価		
1. 期首商品棚卸高	( )	
2. 当期商品仕入高	( )	
合計	( )	
3. 期末商品棚卸高	( )	
差引	( )	
4. 商品評価損	( )	( )
売上総利益		( )
Ⅲ 販売費及び一般管理費		
1. 貸倒引当金繰入	( )	
2. ( )	( )	( )
営業利益		( )

貸借対照表　(単位：円)

売掛金	( )		
貸倒引当金	( )	( )	
商品		( )	

解答〈99〉ページ

問題9-1

損益計算書　(単位：円)

Ⅰ 売上高		
1．一般売上高	(　　)	
2．未着品売上高	(　　)	(　　)
Ⅱ 売上原価		
1．期首商品棚卸高	(　　)	
2．当期商品仕入高	(　　)	
合計	(　　)	
3．期末商品棚卸高	(　　)	(　　)
売上総利益		(　　)

貸借対照表　(単位：円)

商品 (　　)	

解答〈102〉ページ

問題9-2

損益計算書　(単位：円)

Ⅰ 売上高		
1．一般売上高	(　　)	
2．未着品売上高	(　　)	(　　)
Ⅱ 売上原価		
1．期首商品棚卸高	(　　)	
2．当期商品仕入高	(　　)	
合計	(　　)	
3．期末商品棚卸高	(　　)	(　　)
売上総利益		(　　)

貸借対照表　(単位：円)

商品 (　　)	

解答〈104〉ページ

総合問題1

決算整理後残高試算表

×5年3月31日 (単位：千円)

現金預金	(　　)	支払手形	(　　)
受取手形	(　　)	買掛金	(　　)
売掛金	(　　)	未払法人税等	(　　)
有価証券	(　　)	未払費用	(　　)
繰越商品	(　　)	退職給付引当金	(　　)
未収収益	(　　)	長期借入金	(　　)
未収入金	(　　)	貸倒引当金	(　　)
建物	(　　)	建物減価償却累計額	(　　)
備品	(　　)	備品減価償却累計額	(　　)
土地	(　　)	資本金	(　　)
長期貸付金	(　　)	資本準備金	(　　)
仕入	(　　)	利益準備金	(　　)
棚卸減耗損	(　　)	繰越利益剰余金	(　　)
商品評価損	(　　)	売上	(　　)
販売費及び一般管理費	(　　)	受取利息	(　　)
貸倒引当金繰入	(　　)	有価証券売却益	(　　)
減価償却費	(　　)	備品売却益	(　　)
退職給付費用	(　　)		
支払利息	(　　)		
有価証券評価損	(　　)		
法人税等	(　　)		
	(　　)		(　　)

解答〈106〉ページ

総合問題2

決算整理後残高試算表

×5年3月31日　(単位：千円)

借方科目	金額	貸方科目	金額
現金預金	(　)	支払手形	(　)
受取手形	(　)	買掛金	(　)
売掛金	(　)	未払法人税等	(　)
繰越商品	(　)	未払費用	(　)
未収収益	(　)	貸倒引当金	(　)
建物	(　)	退職給付引当金	(　)
備品	(　)	長期借入金	(　)
車両	(　)	建物減価償却累計額	(　)
土地	(　)	備品減価償却累計額	(　)
長期貸付金	(　)	車両減価償却累計額	(　)
満期保有目的債券	(　)	資本金	(　)
仕入	(　)	資本準備金	(　)
棚卸減耗損	(　)	利益準備金	(　)
商品評価損	(　)	繰越利益剰余金	(　)
販売費及び一般管理費	(　)	売上	(　)
貸倒引当金繰入	(　)	受取利息	(　)
減価償却費	(　)	有価証券利息	(　)
退職給付費用	(　)		
支払利息	(　)		
法人税等	(　)		
	(　)		(　)

解答〈115〉ページ